象棋实战丛书

经典中局攻杀赏析

傅宝胜　编著

时代出版传媒股份有限公司
安徽科学技术出版社

图书在版编目(CIP)数据

经典中局攻杀赏析 / 傅宝胜编著. --合肥:安徽科学技术出版社,2019.1
(象棋实战丛书)
ISBN 978-7-5337-7463-9

Ⅰ.①经… Ⅱ.①傅… Ⅲ.①中国象棋-对局(棋类运动) Ⅳ.①G891.2

中国版本图书馆 CIP 数据核字(2018)第 000290 号

经典中局攻杀赏析 傅宝胜 编著

出 版 人:丁凌云 选题策划:倪颖生 责任编辑:倪颖生 王爱菊
责任校对:戚革惠 责任印制:廖小青 封面设计:吕宜昌
出版发行:时代出版传媒股份有限公司 http://www.press-mart.com
安徽科学技术出版社 http://www.ahstp.net
(合肥市政务文化新区翡翠路 1118 号出版传媒广场,邮编:230071)
电话:(0551)63533330
印 制:三河市人民印务有限公司 电话:(0316)3650588
(如发现印装质量问题,影响阅读,请与印刷厂商联系调换)

开本:710×1010 1/16 印张:11.25 字数:202 千
版次:2019 年 1 月第 1 版 2019 年 1 月第 1 次印刷

ISBN 978-7-5337-7463-9 定价:21.50 元

前　　言

这是一本介绍象棋实战中局攻杀技巧的图书。

一局棋中，最关键、最复杂、最激烈、最精彩的部分应是生死之战的中局。一般来说，中局之战，无章可循，全凭临场发挥。在中局阶段会出现许多计谋攻杀和线路攻杀技巧。中局搏弈中，会时而使用调虎离山、金蝉脱壳等战术手段，也会经常出现二龙出海、野马操田等壮观场面。中局下得好，就会巅峰得路、步步生莲；下得不好，就会金疮满身、祸起萧墙。总之，一局棋中的亮点多在中局。

本书从海内外各类象棋重大赛事中，遴选出一些突出中局攻杀技巧的棋例对局，以国手们中局攻杀技法为主线，汇集整理高手在中局阶段的精彩战法，加以分类归纳，编撰成书，以期能对读者在提高棋艺水平上有所帮助。

本书分为四章，第一章献子攻杀，第二章弃子攻杀，第三章兑子攻杀，第四章运子攻杀。其中，每一章又分为很多种攻杀形式，以方便读者阅读、理解和运用。这些棋例可谓实战中局精粹。

研究中局的行棋规律是一件难事，加上作者水平有限，书中难免有不当之处，望予指正。

最后，借陈毅元帅的诗词与读者共勉：

“纹枰对坐，从容谈兵。研究棋艺，推陈出新。棋虽小道，品德最尊。中国绝技，源远根深。继承发扬，专赖后昆。敬待能者，夺取冠军。”

傅宝胜

写于古寿春

目　录

第一章　献子攻杀 …… 1
第一节　妙献双车"牛牛牛" …… 1
第 1 局　两献车巧夺天工 …… 1
第 2 局　双车同献强行攻 …… 2
第 3 局　双献车马加"献捉" …… 4
第 4 局　献双车侧翼奏效 …… 5
第 5 局　三度"献"车真奇妙 …… 6
第二节　献车攻牛气冲天 …… 7
第 6 局　献车献炮再献马 …… 7
第 7 局　马炮陷敌"累死车" …… 8
第 8 局　于无声处听惊雷 …… 9
第 9 局　两军对垒勇者胜 …… 10
第 10 局　插敌腹横扫千军 …… 11
第 11 局　枰场难逢三献车 …… 12
第 12 局　明兑车暗度陈仓 …… 13
第 13 局　衔枚疾进卒擒王 …… 14
第 14 局　马踏相威镇敌胆 …… 15
第 15 局　持续献车气盖世 …… 16
第 16 局　再献车反擒敌车 …… 17
第 17 局　马踏车功不可没 …… 17
第 18 局　一失足成千古恨 …… 18
第 19 局　车点穴单刀赴会 …… 19
第 20 局　献马献车惊天地 …… 20
第 21 局　妙献车解杀还杀 …… 21
第 22 局　以车饲虎奠胜局 …… 22
第 23 局　妙献车一锤定音 …… 23
第 24 局　巧献车石破天惊 …… 23
第 25 局　妙献车野马操田 …… 24

第 26 局　献车迎来多三兵 …… 25
第三节　献马攻斗转星移 …… 26
第 27 局　虎口献马扭乾坤 …… 26
第 28 局　献马引车绊马腿 …… 27
第 29 局　飞马入阵车逞强 …… 28
第 30 局　弃马献马仍从容 …… 29
第 31 局　策马曲径通幽处 …… 29
第 32 局　炮赶车暗藏杀机 …… 30
第 33 局　布陷阱弃马献马 …… 31
第 34 局　马殒身重如泰山 …… 32
第 35 局　献马妙演夹车炮 …… 33
第 36 局　献马智斗霸王车 …… 34
第 37 局　扬鞭催马运子忙 …… 35
第 38 局　车口马不逃反献 …… 35
第 39 局　重石击破水中天 …… 36
第 40 局　献马拦车两招胜 …… 37
第 41 局　纵马引车除隐患 …… 38
第 42 局　兵进底老兵新传 …… 39
第四节　献炮攻直捣黄龙 …… 40
第 43 局　一献勇卒二献炮 …… 40
第 44 局　车砍士借炮使马 …… 41
第 45 局　车篡帅位成双杀 …… 42
第 46 局　兵不在多而在精 …… 42
第 47 局　双献炮千局难逢 …… 44
第 48 局　车前炮一献再献 …… 44
第 49 局　献炮得炮妙入局 …… 45
第 50 局　弃马献炮进出洞 …… 46
第 51 局　妙献炮马踏双车 …… 46
第 52 局　妙献炮令敌难防 …… 47
第 53 局　再献炮一锤定音 …… 48
第 54 局　三献炮精妙绝伦 …… 49
第 55 局　投鞭断流任纵横 …… 50
第 56 局　少子献子勇者胜 …… 51

第 57 局　妙献炮破士擒敌 …… 52
第 58 局　一着献炮全局终 …… 52

第二章　弃子攻杀 …… 54
第一节　勇弃双车成妙杀 …… 54
第 59 局　献弃车妙笔生花 …… 54
第 60 局　先置死地而后生 …… 55
第 61 局　两度弃车铸妙杀 …… 56
第 62 局　再弃车五岳坍塌 …… 57
第 63 局　天地炮炮响摧兵 …… 58
第 64 局　车杀士成竹在胸 …… 58
第 65 局　千古佳局世难逢 …… 59
第 66 局　运筹帷幄算周详 …… 60
第 67 局　弃车踏象双炮鸣 …… 61
第 68 局　弃双车山岳震撼 …… 62
第 69 局　不恋双车妙入局 …… 62
第 70 局　两度弃车演佳局 …… 63
第二节　惊人弃车攻破城 …… 64
第 71 局　弃车掠象乱敌阵 …… 64
第 72 局　再弃车毁敌藩篱 …… 65
第 73 局　车砍士海底捞月 …… 66
第 74 局　弃车咬马功力深 …… 67
第 75 局　屡弃车欺敌无力 …… 68
第 76 局　搏象弃车马蹄疾 …… 69
第 77 局　轰兵弃车显功夫 …… 70
第 78 局　衔枚疾进悄无声 …… 71
第 79 局　庆胜利双炮齐鸣 …… 71
第 80 局　炮双马行云流水 …… 72
第 81 局　车占中送佛归殿 …… 73
第 82 局　车入卒口仍从容 …… 74
第 83 局　车啃马小兵逞强 …… 75
第 84 局　妙弃车毁敌防线 …… 76
第 85 局　车砍炮山岳震撼 …… 77

第86局　进兵断敌增援路……78
第87局　镇中炮斜谷出兵……78
第88局　隔断巫山车不前……79
第三节　弃马攻杀成霸业……80
第89局　先弃马胜后弃炮……80
第90局　双弃马破敌有方……82
第91局　飞马入阵气势雄……83
第92局　弃马镇炮摧藩篱……83
第93局　车双炮克敌制胜……84
第94局　再弃马有胆有识……85
第95局　马被捉成竹在胸……86
第96局　弃槽马炮兵逞雄……87
第97局　五进兵直捣黄龙……87
第98局　双马换取双车错……88
第99局　退马窝心胁双车……89
第100局　车马冷着敌胆寒……90
第101局　马献身前赴后继……91
第102局　智弃马一着制胜……92
第103局　退士解杀促反杀……92
第104局　小兵渡河欺马炮……93
第105局　弃马进兵显身手……94
第四节　舍炮强攻势如虹……95
第106局　不贪炮捷足先登……95
第107局　掀波浪弃炮轰士……96
第108局　三进马势如破竹……97
第109局　毁工事炮炸藩篱……97
第110局　炮轰象攻势如潮……98
第111局　弃炮轰士算度远……99
第112局　弃炮演车马冷着……100
第113局　进兵巧设伏击圈……101
第114局　炮轰士双车逞强……102
第115局　频频闪击定乾坤……102
第116局　恶炮车口任游弋……103

第三章 兑子攻杀 …… 105
第 117 局 以炮换马夺先机…… 105
第 118 局 马易马“兵”临城下…… 106
第 119 局 先弃后取妙解围…… 107
第 120 局 兑敌炮以多胜少…… 108
第 121 局 卒换相双炮攻城…… 109
第 122 局 兵易象打扫战场…… 109
第 123 局 一车换双乱敌阵…… 110
第 124 局 兑马捉炮胁车卒…… 111
第 125 局 五兑子简化局势…… 112
第 126 局 频频兑子成胜局…… 113
第 127 局 兑车掠士马扬威…… 114
第 128 局 车易双马定乾坤…… 115
第 129 局 逼兑车拨云见日…… 116
第 130 局 三兑子耗敌主力…… 117
第 131 局 兑子得炮敌签盟…… 118
第 132 局 频兑子眼花缭乱…… 119

第四章 运子攻杀 …… 120
第一节 兵临城下九宫倾 …… 120
第 133 局 弃车追杀出奇招…… 120
第 134 局 双车护驾城池坚…… 121
第 135 局 环环紧扣现真功…… 123
第 136 局 小兵冲锋捣皇城…… 125
第 137 局 炮抢中路显神威…… 126
第 138 局 小兵攻城论英雄…… 128
第 139 局 火中取栗伤筋骨…… 129
第 140 局 联合军横扫皇城…… 130
第 141 局 兵助车炮擒藩王…… 131
第二节 红鬃烈马踏王府 …… 133
第 142 局 双兵联手擒主将…… 133
第 143 局 双马齐飞争饮泉…… 134

第 144 局　二马献身踏敌营 …………………… 136
第 145 局　弃车炮胆识过人 …………………… 137
第 146 局　双马铁蹄踏王府 …………………… 138
第 147 局　重拳出击惊天地 …………………… 139
第 148 局　临危受命建奇功 …………………… 141
第 149 局　双马饮泉敌断魂 …………………… 143
第三节　运炮进退轰敌城 …………………… 144
第 150 局　重型炮弹摧皇城 …………………… 144
第 151 局　此处无声胜有声 …………………… 145
第 152 局　叱咤风云展宏图 …………………… 147
第 153 局　开局失误教训深 …………………… 148
第 154 局　车炮联手杀声起 …………………… 149
第 155 局　炮打中军显神威 …………………… 150
第 156 局　二炮争先轰敌城 …………………… 152
第 157 局　鸳鸯二炮定乾坤 …………………… 153
第四节　驱车一路“杏花村” …………………… 154
第 158 局　闪电雷鸣报春来 …………………… 154
第 159 局　迂回战术艺高超 …………………… 156
第 160 局　双车大闹帝王城 …………………… 157
第 161 局　小象护炮立头功 …………………… 159
第 162 局　双车争功踏敌营 …………………… 160
第 163 局　双车攻关全无敌 …………………… 161
第 164 局　双车联手摧皇城 …………………… 162
第 165 局　飞弹轰士风雨骤 …………………… 164
第 166 局　车占要津千夫寒 …………………… 165
第 167 局　一招漏着美梦破 …………………… 166

第一章　献子攻杀

象棋对弈过程中，走子送吃者，谓之“献着”。

以无根子送吃，而对方若以同兵种子(可延伸为威力相等的棋子)吃掉此子，己方不致立即被“将死”，或者立即在子力价值上遭受损失者，称为“献”。

“献子”是实战中局中所运用的特殊制胜手段。虽然对局中出现较少，但是一旦使用，便是十分锐利的武器，或迅即转换局势，或令对手防不胜防，或置之于死地。

本章采用的棋例，以献子攻杀为主线，辅以少数献捉手段的棋例。

第一节　妙献双车“牛牛牛”

棋谚云：“一车十子寒。”那么双车则是两倍“十子寒”。试想，在实战中主动送吃两车于对手，是要具有何等的胆识！既要有气势如虹的胆略，又要有成竹在胸的胜算。否则，将应验老话：“玩火者，必自焚！”

第1局　两献车巧夺天工

图1-1是全国象棋团体赛上海葛维蒲与天津袁洪梁的实战中局。双方以中炮过河车对屏风马布阵。观枰面：红方当头炮盘头马由中路进取，火力十足，攻势锐利；黑方虽掠一相，但炮处边隅，左翼无根车炮被拴链。看似局势不妙的黑方却借先走之机，临枰连发妙手，两度献车，转换了局势，扭转了乾坤，攻杀获胜：

13.　……　　炮8平7!

平炮献车，时机抓得住，着法走得准，精妙！此时黑方还有两种下法，均不利。试演如下：①马6进5，马三进五，卒5进1，炮五进三，黑方无根车炮被牵，红方大优；②马6进7，兵五平六，红兵锁黑河沿，稳占优势。唯此一招可确立胜势。

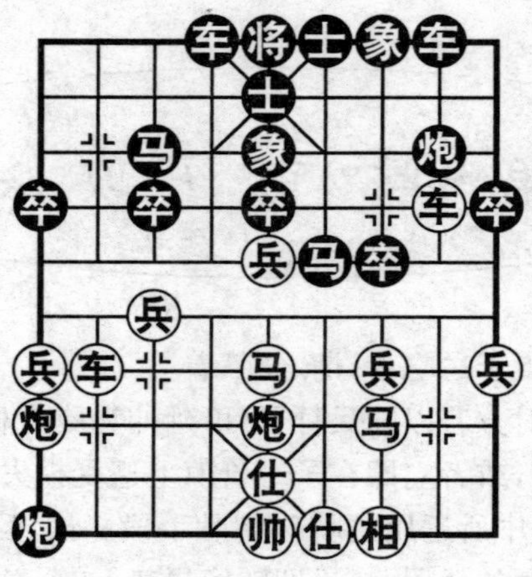

图 1－1

14. 车二平三　车 8 进 3！

再度献车，精彩万分，令人拍案叫绝！红方难逃两度献车之劫！

15. 车三平二　炮 7 进 4

红方选择吃车，导致速败。若改走车三进一，则马 6 退 7，兵五平六，虽属失子难走，但尚可苦苦坚持，好于实战。现黑飞炮击兵，是两度献车的继续。

16. 仕五进六　炮 7 平 2　　**17.** 兵五平四　……

红方如改走马五进四，则车 4 进 7，车二退三，炮 2 进 3，帅五进一，将 5 平 4，黑方取胜。

17. ……　　车 4 进 7　　**18.** 炮九平七　将 5 平 4！

出将助攻，致命一击！

19. 炮五进四　马 3 进 5　　**20.** 车二平五　炮 2 进 3

21. 帅五进一　炮 2 退 1

至此，已成两炮夹车之绝杀，红方只能主动投子认负。

第 2 局　双车同献强行攻

图 1－2 是全国象棋团体赛浙江于幼华对火车头郭长顺弈完 13 回合的中局形势。由中炮进七兵对三步虎开局，上一回合黑方弃马沉底炮进攻，打算先弃后取争先。轮红方走子的于幼华特级大师，将计就计，妙演了双车同献、强行攻杀的好戏。

14. 车九进二！马 7 进 6

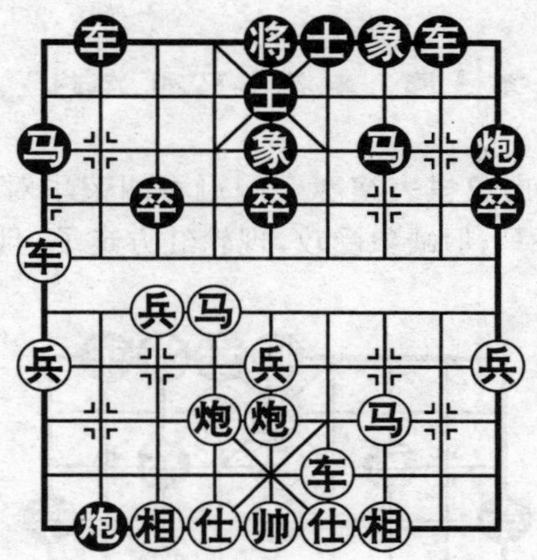

图 1-2

这一回合双方皆按既定方针办，彼此都认为对方中计。

15. 车四平八！　……

红方九路车在黑炮口却不逃，献给炮捉，现又将右车左移献车虎口，这一手“献捉”“献子”双车同献，弈来精妙绝伦！

15. ……　车 2 平 3

黑躲车避让很无奈。如改走车 2 进 8 吃车，则车九进二，士 5 退 4，车九平六，将 5 进 1，车六退一，将 5 退 1，炮五进四，象 5 进 7，马六进四，车 8 进 3，马四进五，红胜。

16. 马六进四　炮 9 平 1　**17.** 车八退一　……

红方一车换三子，献车攻杀的妙手，效果凸现，为取胜奠定了物质基础。

17. ……　车 3 平 4　**18.** 仕六进五　车 8 进 4

19. 马三进二　象 5 进 7　**20.** 炮五进四　象 7 进 5

21. 炮六平三　……

红方弃马平炮闪击，暗伏杀象入局的凶着，黑方顿呈危险状态。

21. ……　车 4 进 2　**22.** 车八进九　车 4 退 2

23. 车八退二　车 8 进 1　**24.** 车八平九　车 8 平 3

25. 相七进五　车 3 平 6　**26.** 马四进五！　……

马踏象入中宫，黑方垂危，败局已定。

26. ……　车 4 平 3　**27.** 炮三平二　车 6 平 8

28. 马五进三　将 5 平 4　**29.** 炮五平六

红胜。

第3局　双献车马加"献捉"

图1-3(a)是上海市象棋表演赛全国冠军胡荣华对孙恒新弈成的中局形势。枰面上黑方虽得一马，但缺象受攻，现轮红方走子，且看胡大师强攻破城的一系列表演。

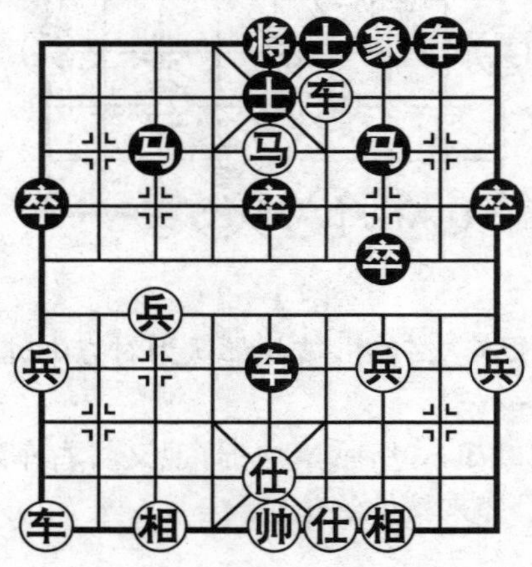

图1-3(a)

1. 马五进七　将5平4　**2.** 相七进五　车5退2

黑方如改走车5平4，则红车九平八，车8进5，相五进三！卒7进1，车四退五！下伏兵七进一和右车左移等多种进攻手段，黑方难以招架。

3. 车四退五！车5平4　**4.** 车九平八　车8进2

5. 兵七进一！车4平3　**6.** 车四平七！……

红方平车入虎口，犹如虎口拔牙，这一手"献捉"，强获一子，妙！胜局已定。

6. ……　车3平4　**7.** 车七进四　车4退2

8. 马七退五！[图1-3(b)]

红方退马进象口，如图1-3(b)，巧妙形成双献车马的绝杀局面，表现了红方的奇特构思和精湛的技艺，展示了全国冠军的风采。

以下黑如接走车4平5，则红车七进二，将4进1，车八进八，将4进1，车七退二，双车错杀，红胜；又如黑改走车4平3吃车，则红车八平六！将4平5，马五进三，卧槽马杀，红亦胜。

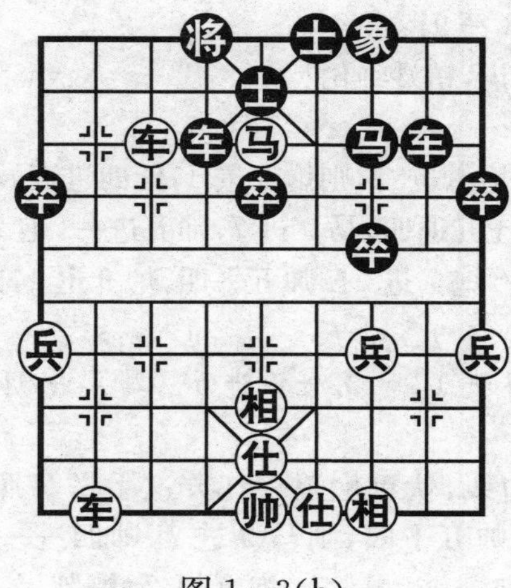

图 1-3(b)

第4局 献双车侧翼奏效

图 1-4 是全国象棋个人赛分组赛江苏徐乃基与广东杨官璘由中炮过河车对屏风马平炮兑车布阵演变而成的中局形势。枰面上双方呈对攻之势，红方车、马、兵过河侵扰，且多两兵，红炮正瞄 4 路黑车；黑方 2 路无根车、炮被红车拴链，马、炮、卒虽在红方右翼集结，但似乎对红不构成威胁。岂料黑借先行之机，出其不意地闪炮献车，强攻入局。

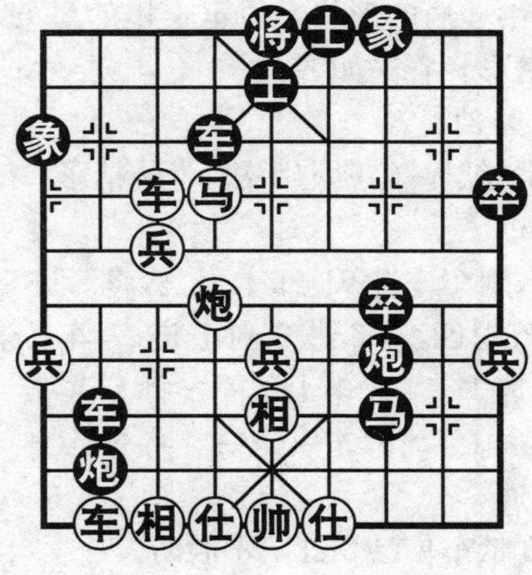

图 1-4

1. …… 炮2平9!

献车、弃车,有胆有识,精妙绝伦!

2. 车八进二 ……

只能如此。如改走炮六进三,则炮9进1,仕四进五,马7进8,仕五退四(若相五退三,则马8退9,仕五退四,马9进7,帅五进一,炮9退1,马后炮杀,黑速胜),马8退6,帅五进一,炮7进2! 帅五平四,炮9退1,帅四进一,卒7进1,炮六平五,将5平4,黑胜。

2. …… 炮9进1 3. 仕四进五 马7进9!

4. 马六进四 ……

上一手黑马切入边线,伏重炮杀! 红方这手送马照将闪出车路,支援右翼,只能如此。如急走帅五平四,则马9进7,帅四进一,马7退8,帅四进一(若帅四退一,则炮7进3杀,黑胜),炮9退2,黑胜。

4. …… 车4平6 5. 炮六平五 士5退4

6. 车七平五 士6进5 7. 车五平二 将5平6!

8. 仕五进四 马9进7 9. 车二退六 车6平8!

平车捉车,这手"献捉"后,伏马7退6挂角的杀棋,置红方于死地,黑胜。

第5局 三度"献"车真奇妙

图1-5是全国象棋个人赛湖北李义庭对广东杨官璘以中炮过河车对屏风马平炮兑车布阵鏖战至中残局的形势。轮至走棋的黑方,三度献车,妙演卧槽、挂角双杀的好戏,煞是精彩。着法如下:

1. …… 车7退3!

车献虎口催杀,这是"献捉"的典型手法,十分精彩!

2. 车七进三 ……

红如改走炮二平五,则车5进5! 车七进三,将5进1,车七退一,将5退1,马四进五,车7进6,仕五退四,马8进6,帅五进一,车7退1杀,黑胜。

2. …… 将5进1 3. 车七退一 将5退1

4. 车七进一 将5进1 5. 车七退一 将5退1

6. 相七进五 车5进5!

黑方弃车砍相,再度献车! 已令红防不胜防。

7. 车七进一 将5进1 8. 车七退一 将5退1

9. 车七进一 将5进1 10. 车七退一 将5退1

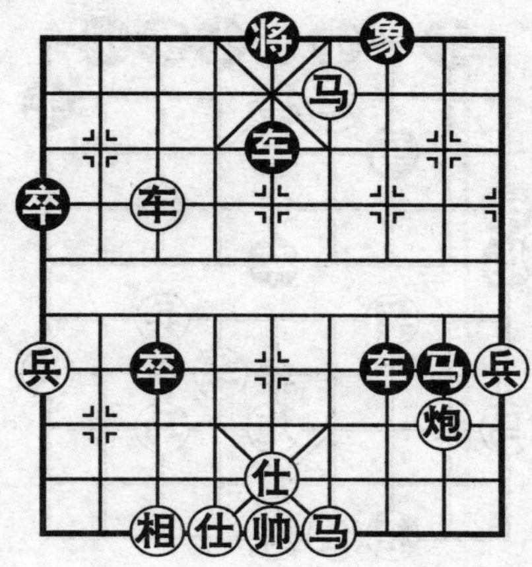

图 1-5

11. 马四退六　将 5 平 4　**12.** 车七平四　……

红平车肋道防御，十分无奈。如改走马四进五去车，则车 7 进 6，仕五退四，马 8 进 6，帅五进一，车 7 退 1，杀，黑胜。

12. ……　车 5 平 8　**13.** 车四进一　将 4 进 1

14. 马六进四　将 4 平 5！

进将助攻，置红马踩车于不顾，三度献车！算准可快速入局。

15. 马四退三　车 8 平 6！

不是用马挂角，而是车平士角"邀兑"，实际是硬捉，弈来更显精彩！以下红如接走车四退一，则将 5 退 1，黑将不离中，卧槽、挂角始终存在，红方无解着。

第二节 献车攻牛气冲天

献车攻杀的杀局，较弃车攻杀更为惊险，并且十分精彩，常常技惊四座，令人拍案叫绝。

第 6 局 献车献炮再献马

图 1-6 为全国象棋团体赛上一则双方战完 28 个回合后的中局形势。现轮红方行棋，以下且看红方如何出手：

29. 车四进五　……

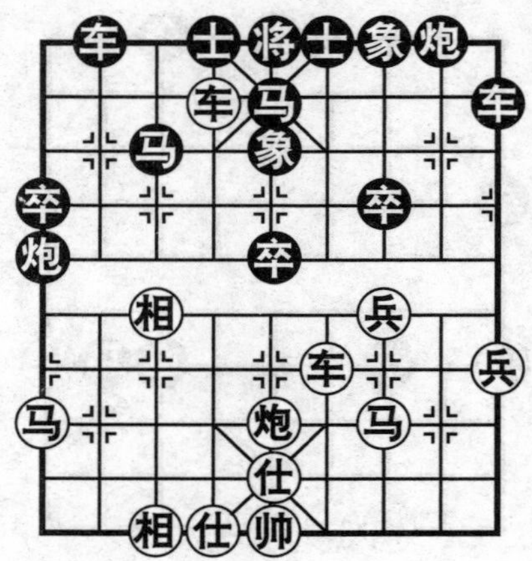

图 1－6

献车！针对黑方窝心马的弊端，献车、欺车、叫杀，招法凌厉。

29. …… 车 9 进 1 **30.** 马三进二 车 2 进 3

31. 帅五平四 马 3 退 2 **32.** 炮五平二 ……

弃车、献炮！继续强攻。

32. …… 炮 8 平 9

逃炮忍让有些软弱，似可改走马 2 进 4，炮二进七，车 2 平 6，车四退二，马 5 进 7，黑尚可一战。

33. 马二进三 ……

红献子成癖，现又献马强攻！

33. …… 车 2 平 7 **34.** 炮二进七 车 7 平 6

35. 车四退二 马 5 进 7 **36.** 车六平三 马 2 进 4

黑忙中出错。如改走士 4 进 5，纠缠过程将会漫长。

37. 车三平六 士 4 进 5 **38.** 车四平九

至此，红胜。

第 7 局 马炮陷敌“累死车”

图 1－7 为全国象棋个人锦标赛上出现的一则中局形势。双方战完 25 个回合后，现轮红方走子。

26. 车八进一 ……

弃车咬炮，一车换双是争得主动的好手。

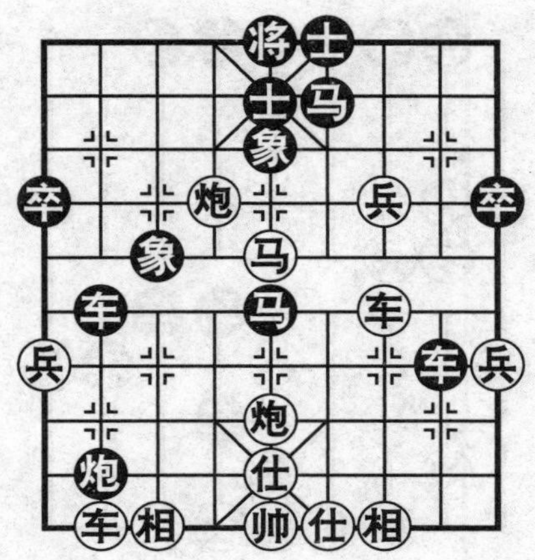

图 1-7

26. …… 车 2 进 3　**27.** 车三平五　车 2 退 2

28. 车五平八　……

献车！晴天霹雳。这是黑方始料未及的妙手。

28. …… 马 6 进 5

弃马无奈，如车 2 平 5，红则车八进五，士 5 退 4，马五退三，车 5 退 3，兵三平四，车 5 进 2，车八退五，黑丢车。

29. 车八退一　车 8 平 2　**30.** 炮五进四　卒 9 进 1

31. 炮六退四　车 2 平 9　**32.** 马五退三　车 9 平 1

33. 马三进四　将 5 平 4　**34.** 炮五退四

以下黑方“累死车”，红胜。

第 8 局　于无声处听惊雷

图 1-8 为一则网上对弈形成的中局形势。观枰面，黑方双炮都在被捉。现轮黑方走子。那么黑方将如何应对呢？

1. …… 车 2 进 2

虎口献车，于无声处听惊雷。

2. 车二平八　炮 8 进 3　**3.** 马五进三　……

黑献车后，骤然进炮叫杀，此时红慌不择路。不如改走马五进四较为顽强。

3. …… 炮 2 平 5　**4.** 炮八平五　炮 5 平 7

5. 炮五进一　……

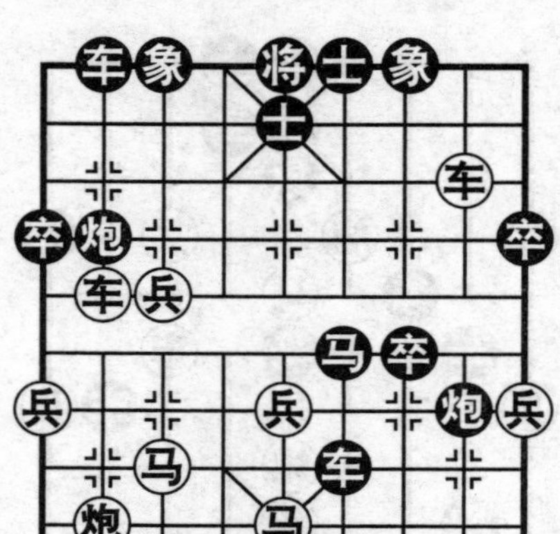

图 1－8

进炮无奈，如改走前车进二催杀，黑则车 6 进 2，马三退四，炮 7 进 6，黑胜。

5. …… 车 6 平 7 **6.** 前车平七 马 6 进 5

7. 车七进二 士 5 退 4 **8.** 帅五进一 马 5 退 3

至此，红无法防守，黑胜。

第 9 局 两军对垒勇者胜

图 1－9 为一则红、黑双方战至第 19 个回合时的中局形势。观枰面，红炮正

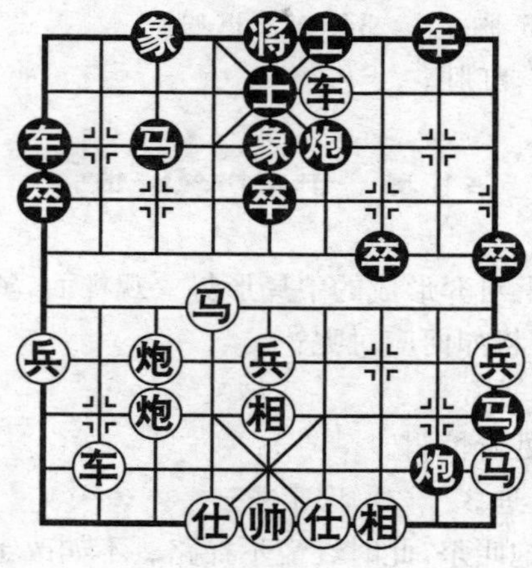

图 1－9

捉黑马，目前黑马已无处可逃。现轮黑方行棋。那么黑方将如何应对呢？

19. …… 车1平2

献车！绝妙的一手。

20. 车八平六 马3进2 **21.** 马六进八 车2平4

不进车吃马得回失子，现又兑车，真乃两军对垒勇者胜。

22. 车六平八 ……

现红无暇后炮平一去马。鉴于黑有马9进7的杀着，红车只得委曲避让。

22. …… 车4进5 **23.** 马八进六 ……

进马抢攻无奈。如红炮退二，则黑可先车4平2，再献车夺回失子。

23. …… 将5平4 **24.** 前炮平六 车4退1

25. 炮七平一 车4退3 **26.** 车八退一 炮8平6

27. 车四平一 车8进8 **28.** 炮一进三 前炮平9

29. 炮一退四 车8平9 **30.** 车一退二 车9平1

至此，红方认负。

第10局 插敌腹横扫千军

图1－10为一则红、黑双方战至第18回合时的中局形势。此时枰面双方仅兑去中路兵卒，其他子力完全对等，枰面似乎看不出风浪。现轮黑方行棋。

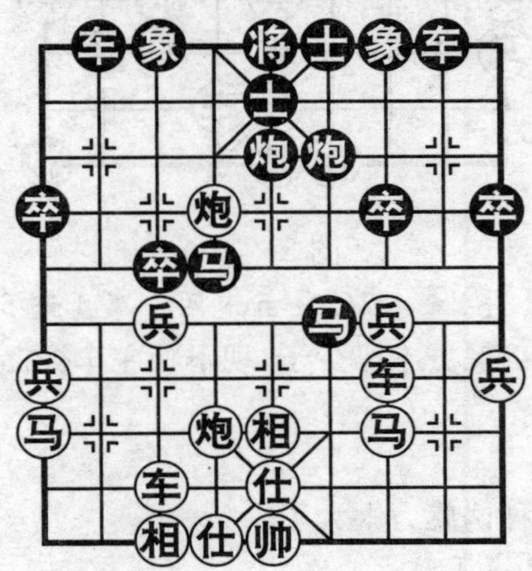

图1－10

18. …… 车2进6

黑突然献车攻杀！恰似“于无声处听惊雷”。

19. 马九进七　　……

如车二平八接受献车，黑则马6进7催杀，红立溃。黑2路车直插敌腹，横扫千军。

19.　……　　车2平3　　**20.** 车七进二　马4进3

21. 马三退四　马3退5　　**22.** 车三平六　马5进4

23. 马六退一　车8进9　　**24.** 炮六平五　马6退5

至此，黑多子胜。

第11局　枰场难逢三献车

图1－11为一则全国象棋甲级联赛上红、黑双方走完24个回合后的中局形势，现轮红方走子。

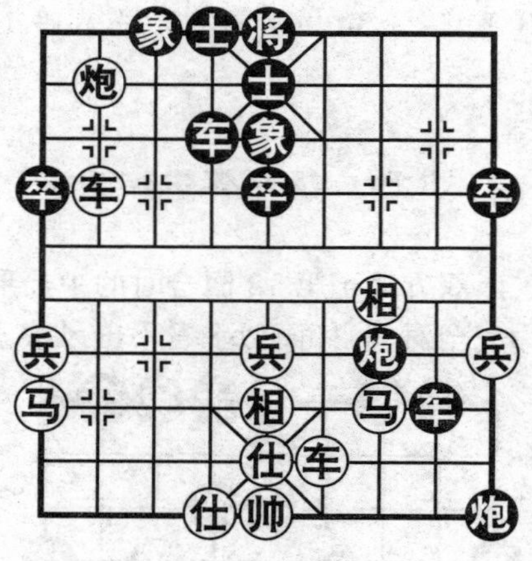

图1－11

25. 车四平一　车8进2　　**26.** 仕五退四　车4进6

这是个纠缠的局面。黑方本已少子，现不顾左车被捉又献右车，难道是另有所谋？

27. 车一平六　……

吃车后又捉车。这种诱惑力太大了。

27. ……　　车8退1

28. 马三退二　……

红方已发觉如仕四进五，黑炮7平8，以下阻止不了黑重炮的杀着。现退马无奈。

28. ……　　车8平4　　**29.** 相五退三　车4平8
30. 相三退五　炮7平8　　**31.** 车八平五　炮8进3
32. 仕六进五　车8退1　　**33.** 马九进七　车8平5

再次献车！招法凶悍！

34. 车五平三　车5退1　　**35.** 马七进六　车5退3

献车成癖，第三次献车将红车驱出卒林。

36. 车三退四　炮8平6　　**37.** 车三平一　炮6退8
38. 车一退二　炮6平2　　**39.** 车一进二　炮2进8
40. 车一平四　车5进1　　**41.** 车四平六　炮2平7

至此，红藩篱被毁，终局黑胜。

第12局　明兑车暗度陈仓

图1－12为全国个人赛上出现的一则中局形势。观枰面：双方大子对等，但红有多兵优势。现轮黑方行棋。显然黑不能打持久战，必须速战速决，否则红多兵对黑方不利。

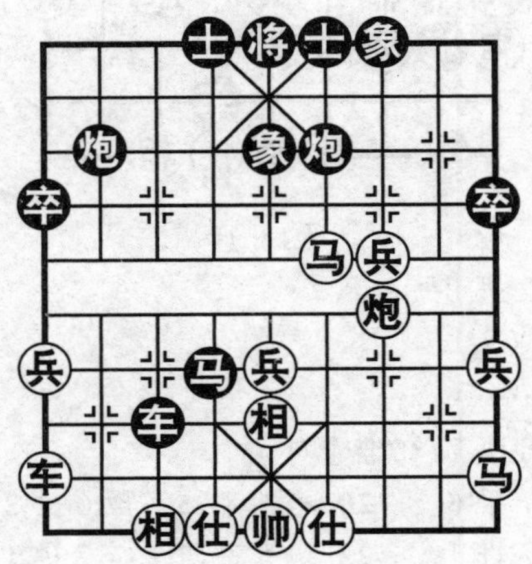

图1－12

1. ……　　车3进1

看似兑子，实则抢占要津，因红方如接受兑车，黑有马后炮杀着。黑实施"明修栈道，暗度陈仓"之计。

2. 车九进一　车3平5

虎口献车！红方阵地顿时响起撕裂大地的爆破声。此招黑如改走车3平9

去马，则俗不可耐。

3. 仕六进五　炮8进7　**4.** 仕五退六　马4进3

以下马后炮杀。

第13局　衔枚疾进卒擒王

图1－13为全国象棋个人赛男子乙组出现的一则中局形势。观枰面，黑方右翼车炮及左翼车马均被拴链；反观红方，车马活跃，且有炮打边卒的攻势。现轮黑方行棋，那么黑方如何应对呢？

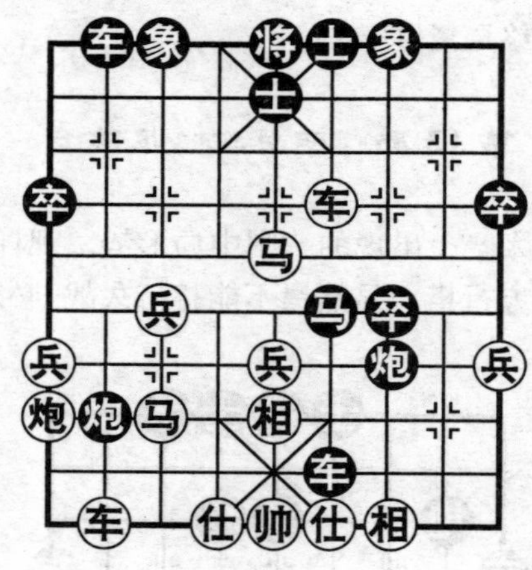

图1－13

18. ……　车2进3

献车！稀世妙招。

19. 车四进二　……

如车四平八，黑马6进7，红难应对。

19. ……　炮7平6　**20.** 车四平二　炮6进3

21. 车二平四　卒7进1　**22.** 炮九进四　卒7进1

23. 炮九进三　象3进5　**24.** 炮九平四　……

红炮打底士已是虚张声势，图一时之快。

24. ……　卒7进1

黑卒衔枚疾进，攻势如潮。

25. 炮四退五　炮6退4　**26.** 马七进六　炮6平8

27. 车四退七　卒7平6

黑连进四步卒，势不可当。

28. 车八进一 炮8进4 **29.** 相三进一 炮2平9

黑胜。

第14局 马踏相威震敌胆

图1-14为一则全国象棋女子个人赛上红、黑双方走至第31回合时的中局形势。观枰面，黑方处于进攻态势。现轮黑方走子，以下请欣赏黑方的精彩表演。

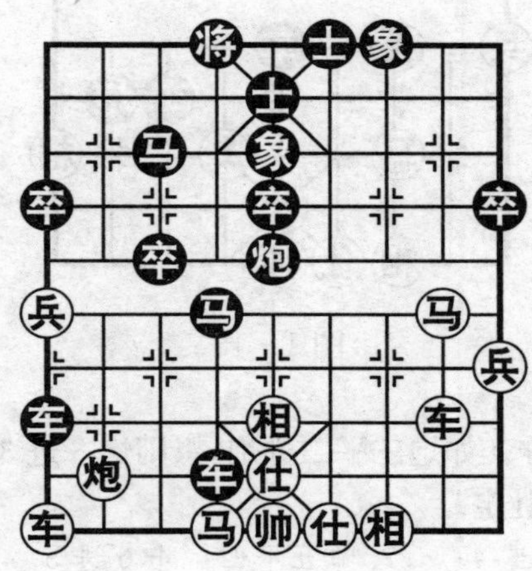

图1-14

31. …… 车2平7

平车7路，伏"大刀剜心"的杀着，招法凶狠。

32. 相三进一 车7平8

迫红相飞边后，突然献车！一计不成再施一计。此招献车真可谓"惊天地、泣鬼神"。

33. 车二进一 ……

接受献车无奈。如车二平四，黑亦马4进5，车四平五，车4平5，仕四进五，车8进3，黑胜。

33. …… 马4进5 **34.** 车二平六 将4平5

至此，红阻挡不了黑马5进7的杀着，黑胜。

第15局　持续献车气盖世

图1－15为一则互攻一侧的中局。目前黑车正捉红炮，且看红方如何应对。

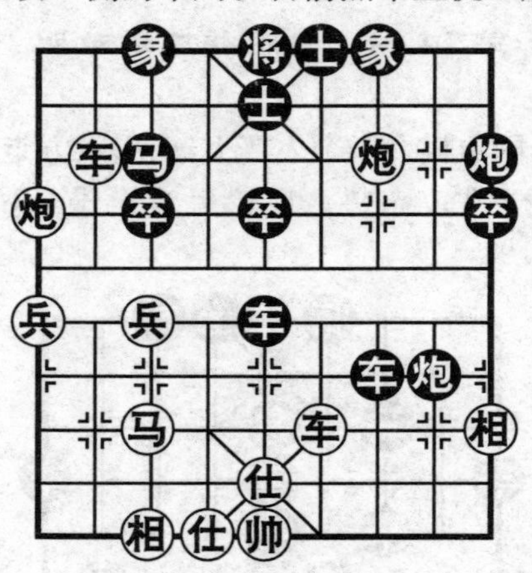

图1－15

1. 炮九进三　……

围魏救赵，以攻为守。如炮三平二逃炮，黑则炮8进3，炮九进三，马3退4，车八进二，炮9进5，黑胜定。

1.　……　　士5退4　　**2.** 帅五平四　士6进5

3. 车八进二　……

献车攻杀，着法强悍！

3.　……　　象7进5　　**4.** 车八平七　……

红车一献再献！力拔山兮气盖世。

4.　……　　车7平2　　**5.** 炮三平七　炮8平6

6. 帅四平五　象5退3　　**7.** 炮七平五　将5平6

8. 炮五退三　炮9平6　　**9.** 车四平三　前炮退1

10. 车三进七　将6进1　　**11.** 车三退一　将6退1

12. 车三平五

至此，黑失子失势，红胜。

第16局　再献车反擒敌车

图1－16为2008年全国象棋女子个人赛上出现的一个镜头，红、黑双方战完26个回合后形成如图形势。现轮红方走子。观枰面，双方子力基本相同，但红处于进攻态势。以下请看红方如何入局。

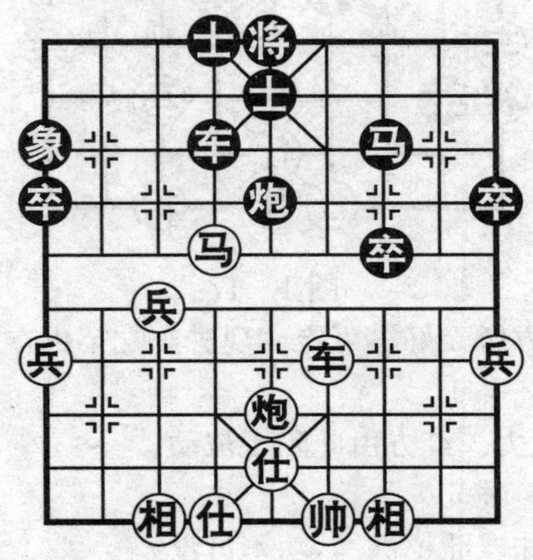

图1－16

27. 马六进五　士5进6　**28.** 车四进四　象1退3

29. 车四进二　……

献车！黑方如含滚烫山芋，吞吐不得。

29. ……　将5进1

如马7退6，马五进三，杀。

30. 车四平五　……

再度献车！黑仍如鲠在喉。

30. ……　将5平4　**31.** 车五平六　将4平5

32. 车六退二

至此，黑丢车，红胜。

第17局　马踏车功不可没

如图1－17形势，双方虽大子对等，但黑方有多卒优势。现轮红方走子。

26. 车九进三　……

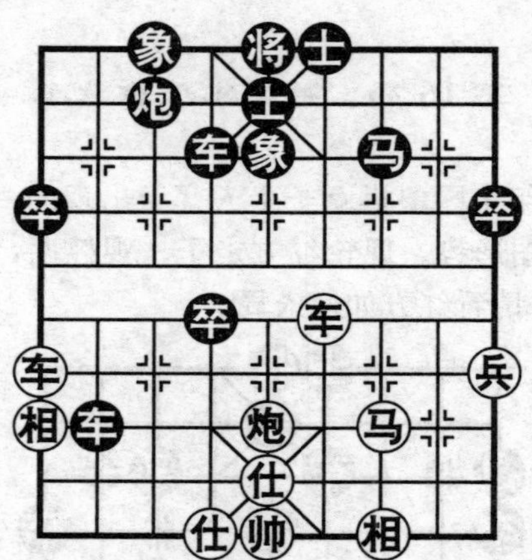

图 1-17

因黑方多卒，故红方暂无好棋可走。现进车吃卒也在情理之中。

26. …… 车 2 平 1

捉相献车！千钧之力。红方由此陷于被动。

27. 车九平七 马 7 进 5

踏车献马，妙着连珠。此招进马，功不可没。

28. 车四进二 马 5 退 3 **29.** 帅五平四 卒 4 平 5

30. 车七平六 马 3 进 4 **31.** 车六进一 炮 3 进 8

32. 帅四进一 马 4 退 6 **33.** 车六退五 车 1 退 1

34. 车六平七 炮 3 平 7 **35.** 马三进二 马 6 进 7

至此，红方认负。

第 18 局 一失足成千古恨

图 1-18 是一则在全国象棋超级排位赛上双方战至第 29 回合时的中局形势。此时枰面上，双方子力犬牙交错，任何一方对形势判断有误都会造成败局。现轮黑方走子：

29. …… 车 8 进 1

一失足成千古恨！目前盘面黑方多一 7 路过河卒，在此卒的诱导下黑车贪功捉炮，没有察觉到潜在的危机。此招应走炮 5 平 3，交换子力而成和。

30. 车八进四 车 8 平 7 **31.** 马七进八 炮 7 平 8

32. 车三平二 炮 8 平 9 **33.** 仕六进五 炮 9 进 6

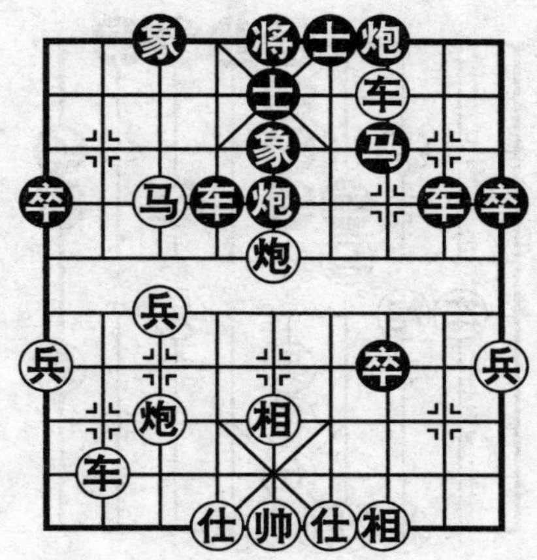

图 1－18

34. 炮七进七　炮 5 进 4　　**35.** 相三进五　炮 9 进 3

36. 车二退八　炮 9 退 5　　**37.** 车二进六　……

献车！胜利的炮声震耳欲聋。以下黑如车 4 平 8，去车，红则车八平六，绝杀。黑如躲车，红则可先炮七平九，再车二平七，亦胜。

第 19 局　车点穴单刀赴会

图 1－19 为沪、冀、辽、黑四省市象棋邀请赛中一则红、黑双方走完 17 个回合后的中局形势。观枰面，双方子力完全对等。现轮红方行棋。请看红方如何利用先行之利，取势入局。

18. 车八进五　士 5 退 4　　**19.** 马六进八　卒 4 退 2

20. 炮七平九　炮 3 平 1　　**21.** 车八退二　炮 1 退 2

22. 炮九平七　炮 1 平 3　　**23.** 车四进八　……

献车！

23. ……　车 8 进 1

黑如车 4 平 6，红则车八平五，士 6 进 5(如士 4 进 5，则马八进六，将 5 平 4，炮七平六，杀)，马八进七，将 5 平 6，炮七进五，闷杀。

24. 车四平二　……

黑看到以下如续走车 4 平 8，红则马八进六，车 8 平 4，炮七平六，黑双车尽失，遂认负。红点穴献车，犹如单刀赴会，万夫莫敌。

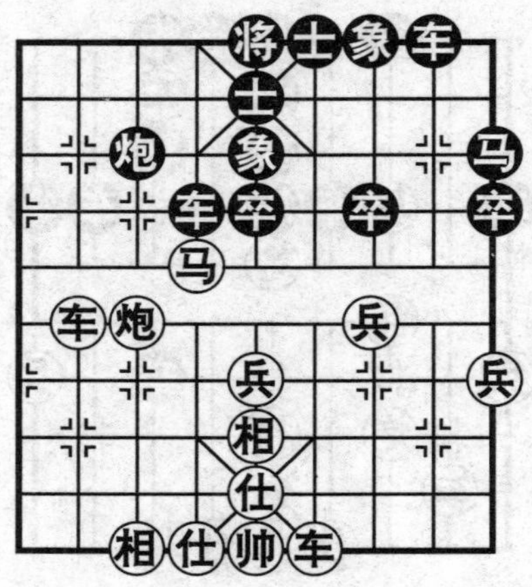

图 1－19

第 20 局　献马献车惊天地

如图 1－20 形势，黑炮被捉。现轮黑方走子，那么黑方如何行棋呢？

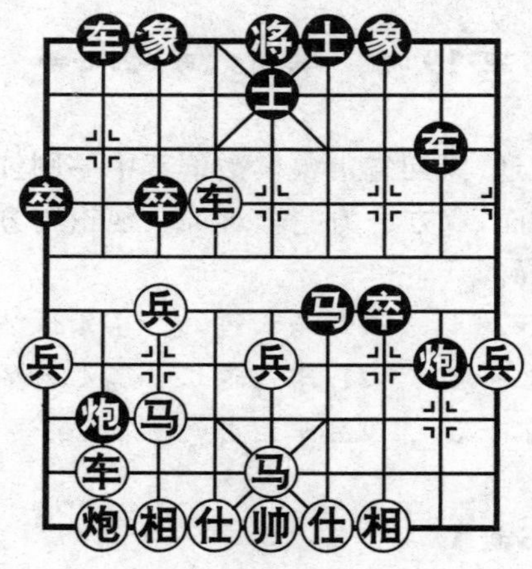

图 1－20

1.　……　　马 6 进 5

献马，惊天妙手。黑飞马入阵，反而给红方出了难题。

2. 马五进三　　……

如相七进五，则炮 2 平 5，相三进五，车 2 进 8，黑优。

2. ……　　炮2进2

妙着连珠，本来红拴链黑车炮，黑此招一出，红反而弄巧成拙。

3. 车六退五　车2进8　**4.** 车六平八　车8平2

精妙的献车！此招祭出后，红已乱了阵脚。

5. 车八平二　马5进4　**6.** 马七退八　车2进7

7. 车二平六　……

这是红方最顽强的着法。如车二进二去炮，黑则车2平3，帅五进一，车2退1，帅五退一，马4退3，相三进五，车3平2，相五退七，车2进1，黑胜。

7. ……　　炮8平1　**8.** 仕四进五　炮1进3

9. 仕五退六　炮1平3　**10.** 帅五进一　兵7进1

11. 马三退一　车2退3

至此，红马被困，黑胜定。

第21局　妙献车解杀还杀

图1－21为全国象棋团体赛上出现的一则中局形势。观枰面：双方剑拔弩张，战斗惨烈。特别眼下黑方要杀，现轮红方走子，且看红方如何利用先行之利，化解黑方攻势并取得胜利。

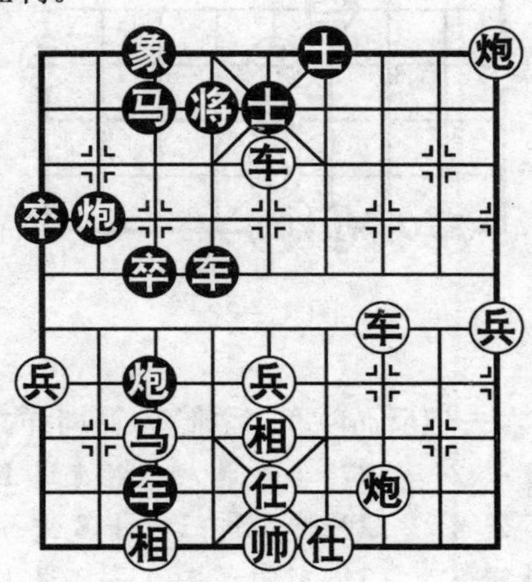

图1－21

29. 炮一退一　将4退1

如士5进6，则车三进四，将4退1，炮一进一，士6进5，车三进一，将4进1，炮三进七，连杀。

30. 车三平六　　……

献车！山崩地裂，翻江倒海。此招一出，乾坤倒转，解杀还杀，妙极。

30. ……　　炮 2 进 6　　**31.** 仕五退六　　象 3 进 5

32. 车六进一　　士 5 进 4　　**33.** 车六进二　　将 4 平 5

34. 马七退五　　炮 3 进 3　　**35.** 相五退七　　车 3 退 3

36. 车六平八

红叫杀得子，至此，黑认负。

第22局　以车饲虎奠胜局

图 1－22 是 2008 年“华轩杯”全国象棋甲级联赛上一则红、黑双方战完 25 个回合后的中局形势。现轮红方走子：

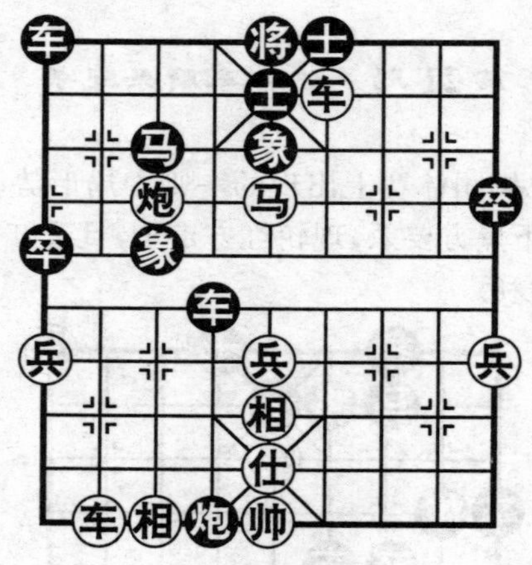

图 1－22

26. 车八进九　　……

献车！不走仕五退六去炮反而献车，运帷幄，算周详。

26. ……　　车 1 平 2　　**27.** 马五退六　　炮 4 退 1

28. 炮七平二　　士 5 退 4　　**29.** 炮二进三　　士 6 进 5

30. 马六进四　　炮 4 退 7　　**31.** 车四退二　　马 3 退 1

不进而退，计划下一着车 2 进 3 兑车。

32. 车四平六　　炮 4 进 1　　**33.** 炮二退一　　……

毁灭黑方车 2 进 3 的兑车计划。

33. ……　　马 1 退 3　　**34.** 马四进二　　车 2 进 5

35. 马二进三　将 5 平 6　**36.** 车六平四　士 5 进 6
37. 车四平一　象 5 退 7　**38.** 车一进三　象 3 退 5
39. 炮二进一　将 6 进 1　**40.** 车一退一

至此，红胜。

第 23 局　妙献车一锤定音

图 1 - 23 为全国象棋团体赛上的一则中局形势。观枰面，局势犬牙交错，双方如履薄冰。现轮红方走子，在浓浓的火药味中，红方该如何出手呢？

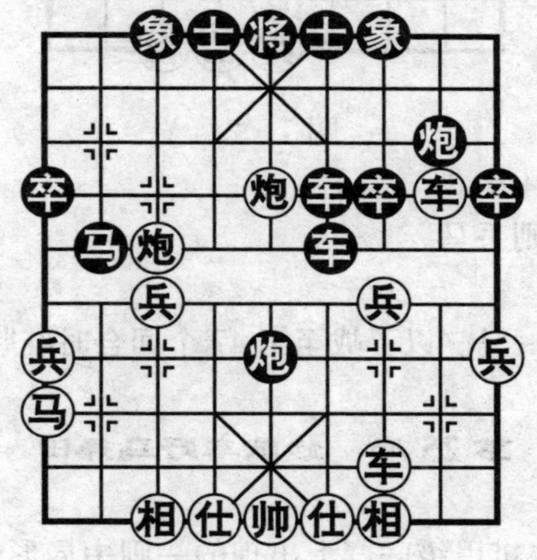

图 1 - 23

1. 车三平四！　……

献车！此招一出，山崩地裂，电闪雷鸣，黑方立溃。以下应是后车平 5，车四进四，炮 8 平 5，帅五进一。

红胜势。

第 24 局　巧献车石破天惊

图 1 - 24 为全国象棋甲级联赛上一则红、黑双方走完 32 个回合后的中局形势。观枰面，除黑方多一未过河中卒外，双方其他子力对等。目前黑车正捉红马，而红炮也在瞄着黑马。如双方进行子力交换，和势甚浓。现轮红方走子：

33. 车七进一　……

献车！此招一出，黑万丈高楼似顷刻间崩塌，看似乎平静的局面风云突变。

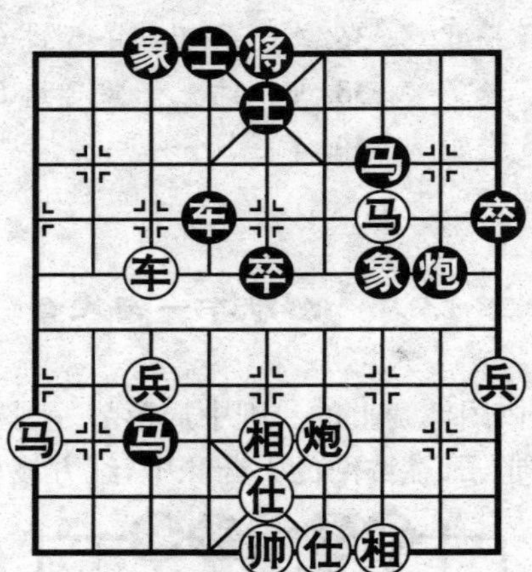

图 1－24

33. …… 车 4 平 3

吃车无奈，如逃车则丢马。

34. 炮四平七

红通过献车，巧得一马。以下战至第 47 个回合时红胜。

第 25 局　妙献车野马操田

图 1－25 为全国象棋甲级联赛上出现的一则中局形势。观枰面，黑方主力

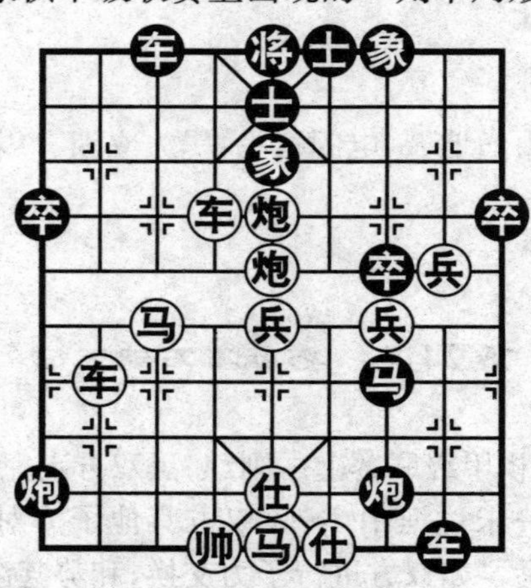

图 1－25

部队正向红方腹地穿插，黑3路车牵制红七路马不能前进，否则车3进9成杀。现轮红方走子，且看红方如何应对。

30. 车八进六　　……

献车攻杀！引离黑车，为进七马扑槽打造平台。招法令人击节赞赏。

30. ……　　车3平2　　**31.** 马七进八

至此，黑投子认负。如续走车2平3，红则马八进七，车3进1，车六进三，杀。

第26局　献车迎来多三兵

图1-26为全国象棋甲级联赛上一则红、黑双方走完18个回合后的中局形势。现轮红方走子：

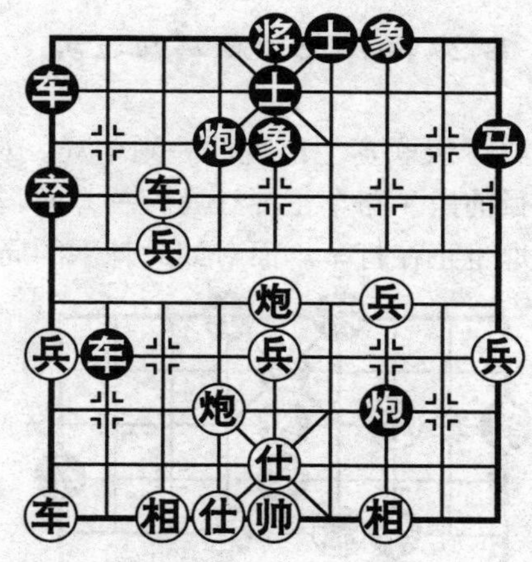

图1-26

19. 车九平八　　……

看似无故献车，实则争先妙手。

19. ……　　车2进3　　**20.** 车七进三　　炮4退2
21. 兵七平六　　车1平4　　**22.** 炮六进六　　车2退8
23. 炮六退一　　马9进8　　**24.** 炮六平九　　车2平1
25. 炮九平八　　马8退6　　**26.** 炮五进二　　炮7平8
27. 兵三进一　　炮8退6　　**28.** 炮八退五　　车1平4
29. 炮八进七　　车4平2　　**30.** 炮八平六　　车2平3
31. 车七平八　　车3平2　　**32.** 炮六平四　　车2退1

33. 炮四平八　马 6 进 7　**34.** 兵五进一　马 7 进 9
35. 兵三进一　马 9 退 8　**36.** 兵九进一　马 8 进 6
37. 炮五平七　将 5 平 4　**38.** 炮八退三　炮 8 进 4
39. 兵五进一　炮 8 平 1　**40.** 炮七平九

本局红自献车后即牵着黑方鼻子走。以上一段，红不但得回一车，而且换取净多三兵的必胜之势。至此，红胜。

第三节　献马攻斗转星移

献马攻杀，也非儿戏，马的价值仅次于车。只有根据局势需要，算准可献马入杀，方可实施攻杀计划。

第 27 局　虎口献马扭乾坤

图 1－27 为全国象棋甲级联赛上出现的一则中局。观枰面，显然是黑方弃子抢攻后形成的局面。目前黑 4 路车正捉红马。一方面，若红马被捉，则红方将立即崩溃；另一方面，黑炮也正在打车。面对如此棘手的局面，岂料红方走出：

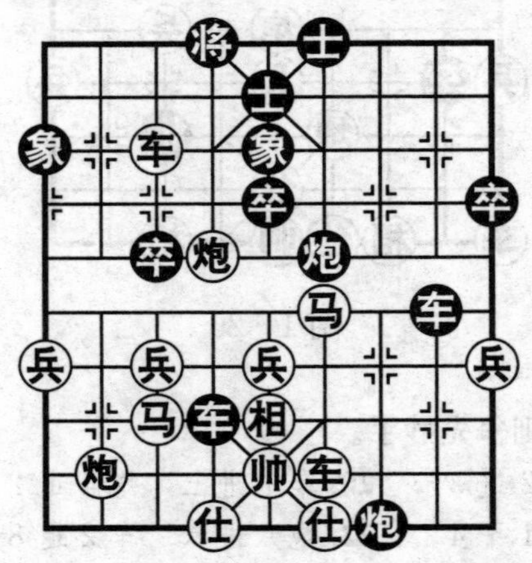

图 1－27

25. 马四退六　……

献马！骤然扭转乾坤。

25.　……　车 4 退 1　**26.** 车四进四　炮 7 平 9

27. 车七平五	车8平2	**28.** 帅五平四	车2进3
29. 仕四进五	卒5进1	**30.** 车四平五	车2退5
31. 前车平六	将4平5	**32.** 车六平九	车2平6
33. 仕五进四	将5平4	**34.** 车九平六	将4平5
35. 车六平七	将5平4	**36.** 车七退二	车6平8
37. 车五进二	……		

至此，黑方已成强弩之末。现红进车造杀，黑已难应。

37. ……	车4进2	**38.** 仕六进五	炮9平3
39. 车五平六	将4平5	**40.** 车七进四	士5退4
41. 车七平六	将5进1	**42.** 前车退一	……

红胜。

第28局 献马引车绊马腿

图1-28为“敦煌杯”象棋赛上一则双方走完第18个回合后的中局形势。观枰面，红缺双仕，且中兵被捉。黑一旦抢去中兵，红将溃不成军。面对此种严峻形势，红方走出：

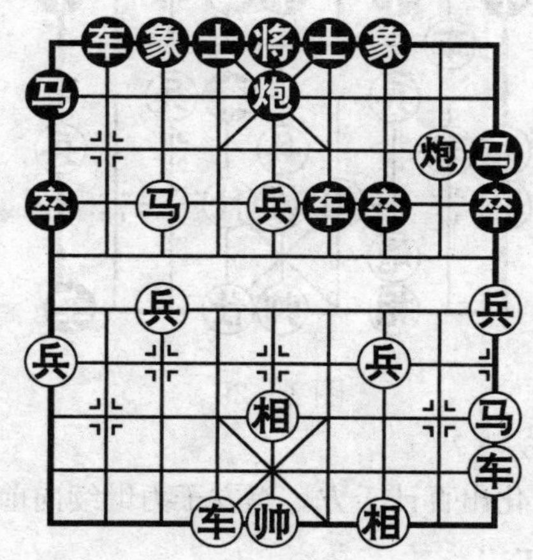

图1-28

19. 马七进八 ……

置中兵于不顾，反而献马，真乃名家风范。

19. …… 车2进1 **20.** 车一平六 ……

上着献马引车别马腿，换取强大攻势。

20. ……	炮5平4	**21.** 前车进七	车2平4
22. 兵五平四	车4平8	**23.** 炮二退三	象3进5
24. 炮二平五	士6进5	**25.** 兵七进一	车8进3
26. 车六进五	车8进4	**27.** 帅五平六	将5平6
28. 车六平四	将6平5	**29.** 兵四进一	马9退8
30. 兵四进一			

至此,红胜。黑如续走马8进7,红车四进二,黑亦难应。

第29局 飞马入阵车逞强

图1-29为全国象棋锦标赛上一则红、黑双方走至第21个回合时的中局形势。此时双方子力对等。黑方子力正在向红方右翼集结。现轮黑方行棋。以下请看黑方如何入局。

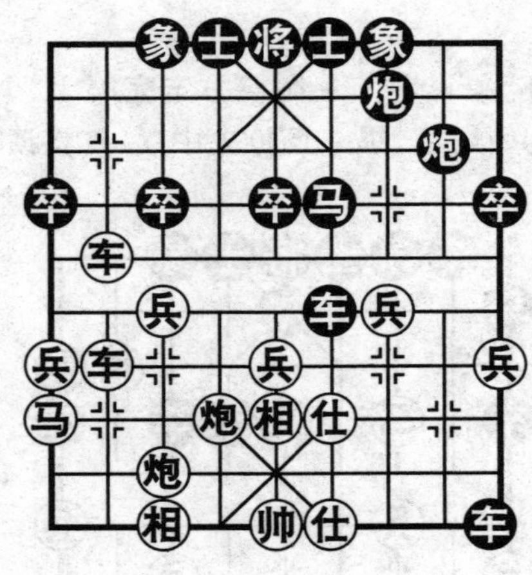

图1-29

21. …… 马6进7

献马攻杀！倾刻间化出百计千方。黑方子力继续向前线推进。

22. 前车平二 ……

拦截黑8路炮进底,无奈之着。如相五进三去马,黑则车6进2,红立溃。

22. ……	马7进6	**23.** 帅五进一	车9平6
24. 车八平六	炮8平2	**25.** 车六平八	前车平5

至此,红投子认负。如续走帅五平六,则炮2平4,车八平六,车5退2,黑胜定。

第30局 弃马献马仍从容

图 1－30 为第 2 届世界象棋大师赛上一则红、黑双方走完 26 个回合后的中局形势。观枰面，黑车正捉红马瞄相，现轮红方走子，请看：

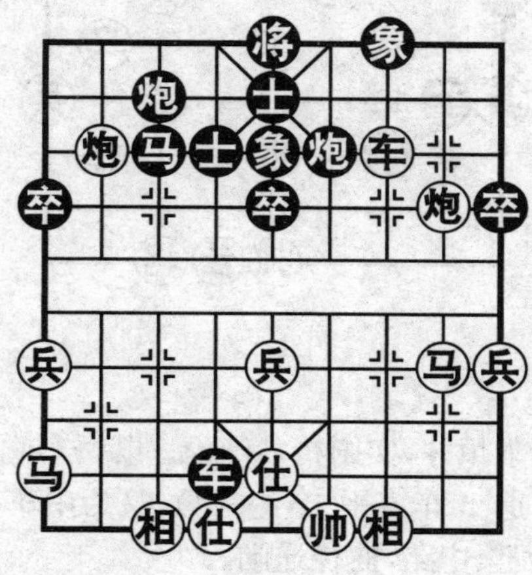

图 1－30

27. 马二进三　　……

不逃马，反献马！神出鬼没的一招。

27. ……　车 4 平 1　**28.** 马三进四　士 5 进 6
29. 相七进五　车 1 平 2　**30.** 炮八平六　车 2 退 4
31. 车三平四　车 2 平 8　**32.** 车四退一　卒 5 进 1
33. 车四进三　将 5 进 1　**34.** 炮二平五　将 5 平 4
35. 车四平七　马 3 进 2　**36.** 车七退一　将 4 进 1
37. 车七平八

以下黑如逃马，红退车围剿，黑将丢马；如卒 5 进 1，红则兵五进一，胜定。至此，红胜。

第31局 策马曲径通幽处

图 1－31 为 2008 年象棋甲级联赛上双方走完 35 个回合后出现的一个中局镜头。观枰面，黑正集结子力向红方左翼发起攻势。现轮红方行棋，请看红方如何应对。

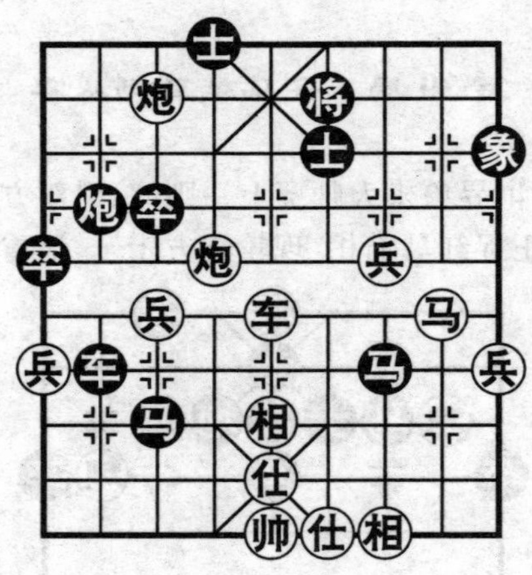

图 1－31

36. 马二退四！　……

献马！此着看似扫雪填井，实则精妙绝伦。既诱车吃马暗藏杀机（如车 2 平 6，去马，炮六进三，将 6 退 1，车五平二，绝杀！），又为中车让路，从而实施两翼包抄杀敌。再者，马又迂回至中路，曲径通幽。

36. ……　车 2 进 3　**37.** 炮六退五　马 7 进 6

38. 炮六平七　……

精细！如急于走马四进五，则车 2 平 4，仕五退六，马 6 退 4，帅五进一，马 4 退 5，帅五平六，将 6 退 1，黑得子胜势。

38. ……　炮 2 进 3　**39.** 马四进五　将 6 退 1

40. 马五进四　炮 2 平 5　**41.** 车五进五　将 6 进 1

42. 马四进六　炮 5 退 5　**43.** 前炮平五

至此，黑失子失势，红胜。

第 32 局　炮赶车暗藏杀机

图 1－32 为一则网络对弈中出现的中局形势。双方战至第 15 个回合时，现轮黑方走子：

15. ……　马 2 进 3

在看似风平浪静的枰面上，黑方突然献马！

16. 车三平八　……

原来黑方献马是一计。红如接受献马走马九进七，黑则炮 3 进 5，连杀。

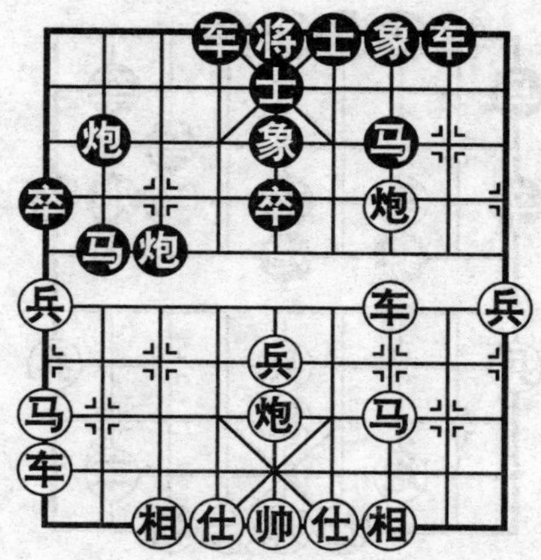

图 1-32

16. …… 炮 3 平 2 **17.** 车八平七 ……

逃车是临枰本能反应。如马九进七，后炮进 3，马七进八，车 8 进 4，红亦难应。此举赶车暗藏杀机。

17. …… 车 4 进 9

似一枚重磅炸弹在红方阵地开花，至此黑胜。红如续走帅五平六，则前炮进 5，杀。

第 33 局 布陷阱弃马献马

在第 18 届"棋友杯"象棋大奖赛上，红、黑双方走完 22 个回合后形势如图 1-33。观枰面，此时双方子力完全对等。现轮红方走子：

23. 炮八退一 象 3 进 5 **24.** 兵五进一 炮 5 平 7

红方这两步棋已悄悄布下陷阱。

25. 马三进五 ……

弃马踏相是红方攻杀计划的持续发展。

25. …… 象 3 退 5 **26.** 马七退六 ……

虎口献马！图穷匕首见，红方计谋跃然枰上。

26. …… 士 4 进 5 **27.** 炮七进八 士 5 进 4

上士丢车无奈。如将 5 平 4，红则车二平八，胜。

28. 炮八平二 炮 7 平 8 **29.** 车二平三 马 1 退 3

30. 马六退四

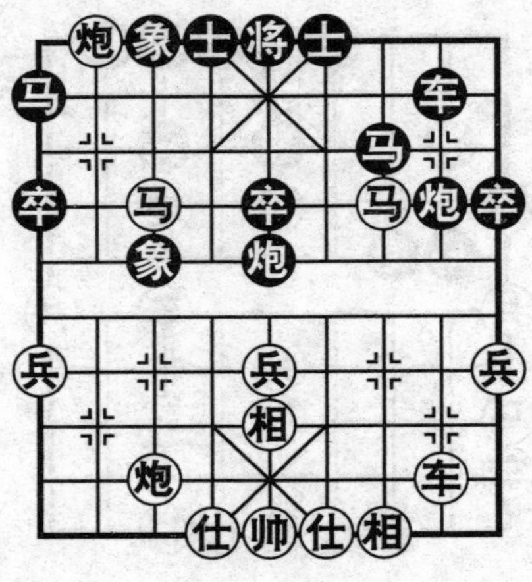

图 1－33

红胜。

第 34 局　马须身重如泰山

图 1－34 为上海市老年象棋名手赛中一则双方战完 11 个回合后的中局形势。现轮红方走子：

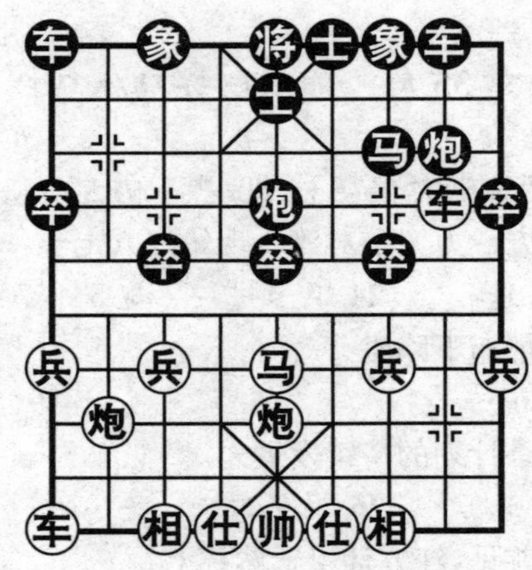

图 1－34

12. 马五进四　　……

献马！现红马在黑方炮口之下，此着逃离炮口，又送马口，着法刁钻。

12.　……　　马 7 进 6　　**13.** 炮五进四　将 5 平 4

马口献马换来强大攻势。黑如改走象 7 进 5，则炮八进五，炮 8 退 1，车二进一，车 1 平 2，车九平八，红方胜势。可见，第 12 着红马殒身，重如泰山。

14. 车九进一　卒 5 进 1　　**15.** 炮五退一　象 3 进 5

16. 车九平四　马 6 退 7

如马 6 进 7，红则车四进八，抽车胜。

17. 炮八进五　士 5 进 4　　**18.** 车二平三

至此，黑失子失势，遂认负。

第 35 局　献马妙演夹车炮

图 1－35 为 2008 年全国象棋男子个人赛上出现的一个镜头。观枰面，黑虽藩篱被毁，但双车同路、双马连环，还有一定的防御能力。且下一着黑尚有炮镇当头叫杀之手段。现轮红方走子，那么红方应如何组织进攻呢？

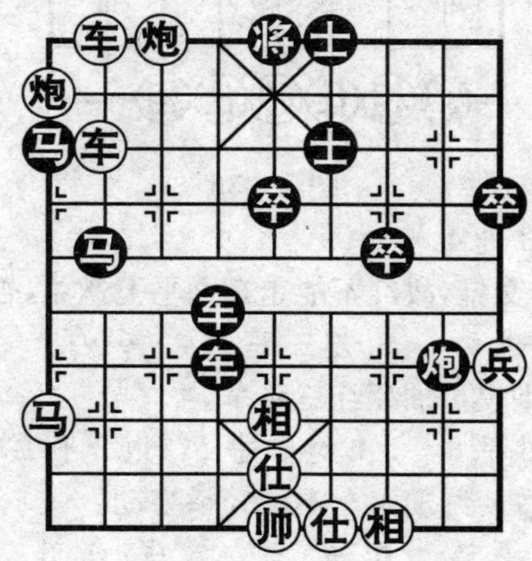

图 1－35

32. 马九进八　　……

献马！干扰对方攻势。现黑无法炮镇当头叫杀，只能接受献马，否则马八退七，更加延缓黑方攻势。

32. ……　　后车平 2　**33.** 炮七退一　车 4 退 6

34. 前车平六　将 5 平 4　　**35.** 车八进二

黑束手就擒！

第36局　献马智斗霸王车

图1－36为"嘉周杯"象棋比赛上的一个中局盘面。此时枰面子力对等，红霸王车雄踞河口，且伏兑炮赚象之手段。现轮黑方行棋，请看黑方如何应对。

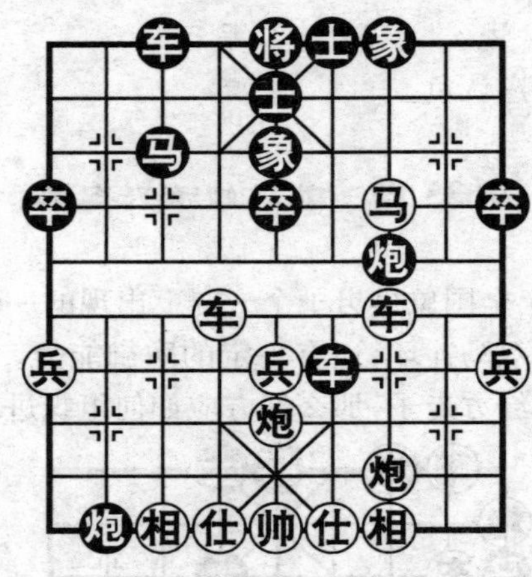

图1－36

1. ……　　马3进4

献马！因双方子力交错，故红不能走车六平七邀兑，否则失相丢马。

2. 炮三进四　车3进9　**3.** 炮三平二　……

如车六进一去马，则黑可抽死红三路车。

3. ……　　车6平8　**4.** 炮二进三　炮2平1

黑随时可以抽将，致使红霸王车不能轻举妄动。

5. 炮二平四　车8平5　**6.** 马三进二　马4退6

7. 车三平二　马6进5

再度献马！红方霸王车被彻底摧毁。

8. 炮四退四　车5平2　**9.** 车二退二　车3退4

10. 仕六进五　车2进3　**11.** 车六退四　……

填车无奈。如仕五退六，车3平4，因黑可进马挂角造杀，红不能炮四平六而白丢一车。

11. ……　　车3退2

下伏车3平4凶招。至此，红方认负。

第37局 扬鞭催马运子忙

图1－37为全国象棋甲级联赛上一则双方走完37个回合后的中局形势。观枰面，黑方多卒，8路炮严阵以待，且有4路卒窥炮之势。请看在此种形势下红方如何行棋。

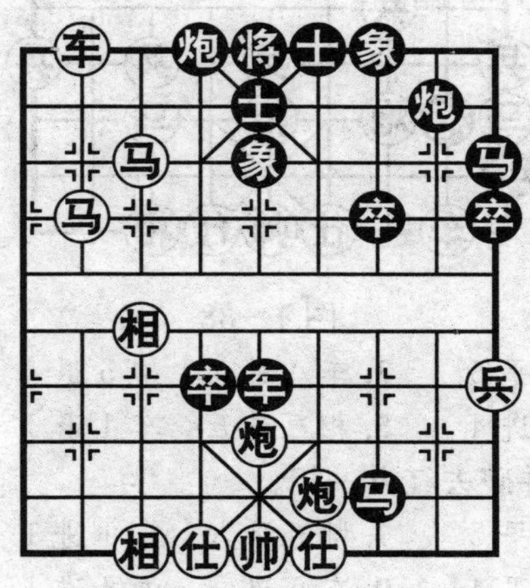

图1－37

38. 马八进六 ……

献马攻杀！精妙之着。

38. …… 士5进4 **39.** 车八平六 将5进1

40. 车六退二 车5进1

红方献马后攻势如潮，黑弃车啃炮无奈。如将5平6，则车六退四，车5平4，炮五平四，红胜。

41. 相七进五 炮8进1 **42.** 车六退四 炮8平3

43. 车六平三

以下车、相联合捉死黑马，红胜定。

第38局 车口马不逃反献

如图1－38，红车正捉黑马。现轮黑方走子，黑将如何应对呢？

1. …… 马7进5

不逃马，反而献马，运帷幄，算周详。

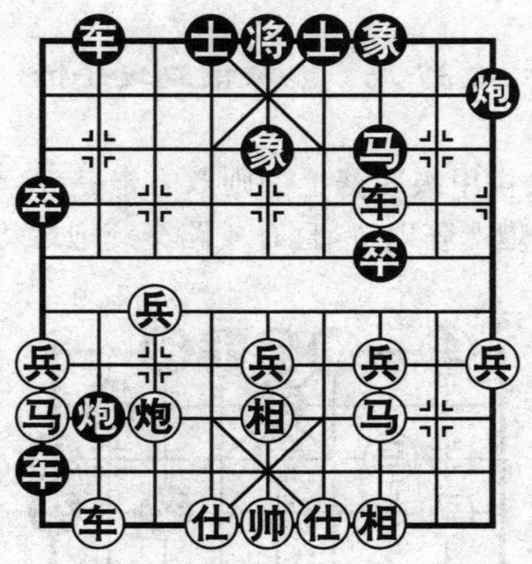

图 1－38

2. 车三平五　炮 2 平 5　　**3.** 车八进九　炮 5 退 4

4. 炮七平五　炮 5 进 4　　**5.** 相三进五　车 1 退 1

现黑方得回失子，并破去红方一相。

6. 帅五进一　炮 4 平 5　　**7.** 帅五平六　车 1 进 1

8. 帅六进一　炮 5 平 4　　**9.** 车八退一　炮 4 进 1

10. 相五退七　车 1 平 3　　**11.** 马三退五　车 3 退 2

12. 帅六平五　车 3 平 5

至此，黑大优，终局黑胜。

第 39 局　重石击破水中天

如图 1－39，枰面上除黑方缺一象外，其他子力完全对等。现轮黑方走子，那么黑方如何找出突破口呢？

1. ……　马 2 进 4

献马！重石击破水中天，在看似平静的湖面上顿起波涛。

2. 车九平八　……

如马七进六丢马，黑则炮 2 进 7，仕五退六，炮 5 进 4，相五进七（仕四进五，车 6 进 5，马三退四，车 3 平 5，黑胜），车 6 进 4，黑胜。

2. ……　车 3 退 1　　**3.** 车八进五　马 4 进 6

4. 马三进四　炮 5 进 4　　**5.** 炮七平六　炮 5 进 1

6. 车八退七　车 6 进 1　　**7.** 炮六进一　马 6 进 5

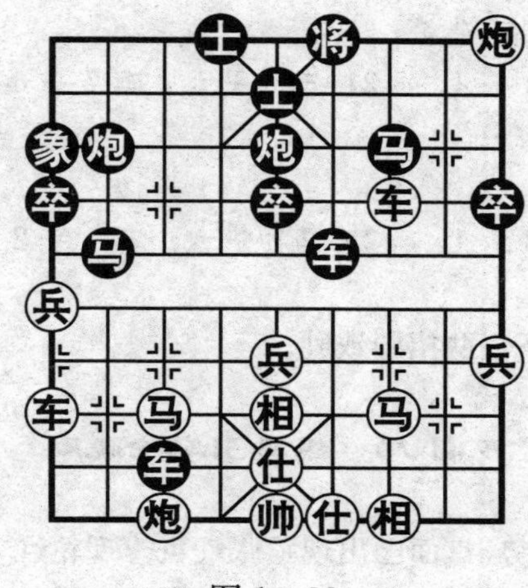

图 1－39

至此，黑胜。

第 40 局 献马拦车两招胜

图 1－40 是一则网络对弈中，双方走完第 18 个回合后的形势。现轮红方行棋。

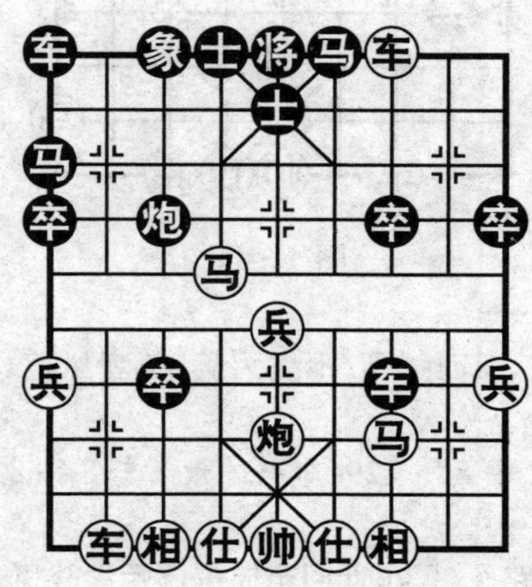

图 1－40

19. 马六进四　　　……

进马要杀，势在必行。

19. ……　　　炮 3 退 2　　　**20.** 车八进八　　　……

跟踪追击！计划砍炮，造杀。

20. …… 炮3平4 **21.** 车八平六 车7平6

22. 马三进四！ ……

献马！堵截妙手。

22. …… 车6退1 **23.** 马四进六 车1平2

24. 车六平五

红献马拦车后，以下仅两招即致胜。

第41局 纵马引车除隐患

如图1－41中局形势，盘面已出现紧张气氛。现轮红方走子。

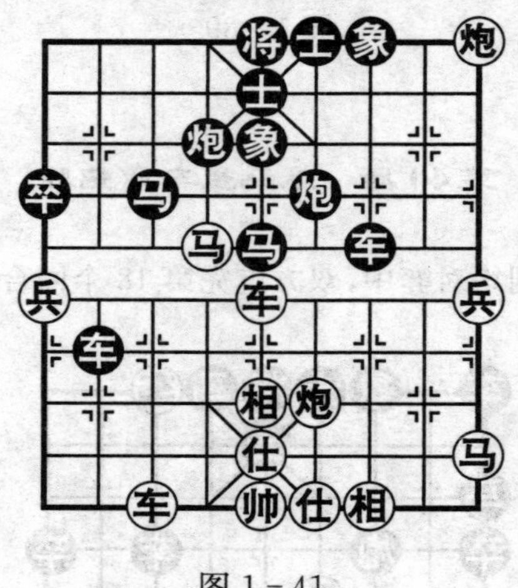

图1－41

28. 马一进二 ……

不走车七进六吃马，反而献马，不贪为美，王者风范。如车七进六，炮6平5，易爆发激烈的对攻。

28. …… 车2平8 **29.** 车七进六 车8平2

30. 炮四进七 ……

红自献马引离黑2路车，黑车迂回至原位已贻误战机。现红弃炮轰士，除去隐患。

30. …… 士5退6 **31.** 炮一退四 车2进3

32. 相五退七 象5进3 **33.** 相三进五 炮4平5

34. 车七进三 将5进1 **35.** 车七退一 将5退1

36. 马六进五　象 3 退 5　　**37.** 炮一平五　炮 6 平 5
38. 车七进一　将 5 进 1　　**39.** 车五平二

至此，红胜。

第 42 局　兵进底老兵新传

如图 1－42 形势，双方子力犬牙交错。现轮红方走子，红方审时度势，毅然走出：

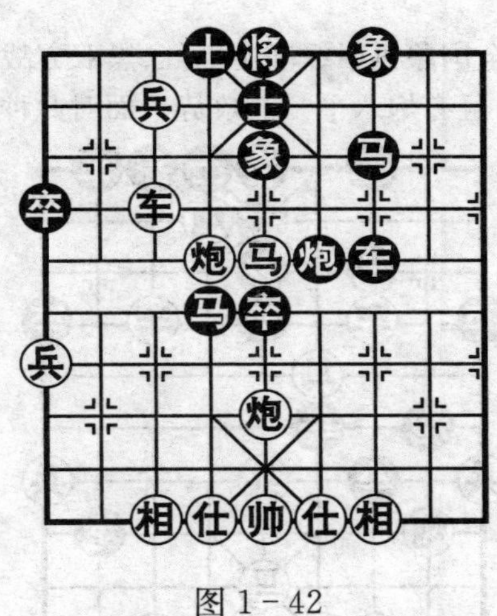

图 1－42

1. 马五进四！　……

献马！这是迅速入局的大手笔。

1.　……　　士 5 进 6　　**2.** 炮六平五　士 6 退 5
3. 后炮平八　……

置车落马回于不顾，平炮催杀，着法紧凑。

3.　……　　马 7 进 5　　**4.** 炮八进七　象 5 退 3
5. 车七平六　……

逃车催杀！不给黑方喘息机会。

5.　……　　炮 6 退 4　　**6.** 兵七进一

兵进底线虽老，但是可构成杀局。下伏兵七平六绝杀，至此红胜。

第四节　献炮攻直捣黄龙

献炮攻杀，一旦实施，多可实现既定的战略目标。献炮与献车、献马一样，是对弈者常用有力手段，三者有异曲同工之妙。

第43局　一献勇卒二献炮

图1－43为一则在全国象棋甲级联赛上红、黑双方战至第20回合时的中局形势。现红方正捉黑马，且有炮八平三的攻势。面对此种困境，黑方走出：

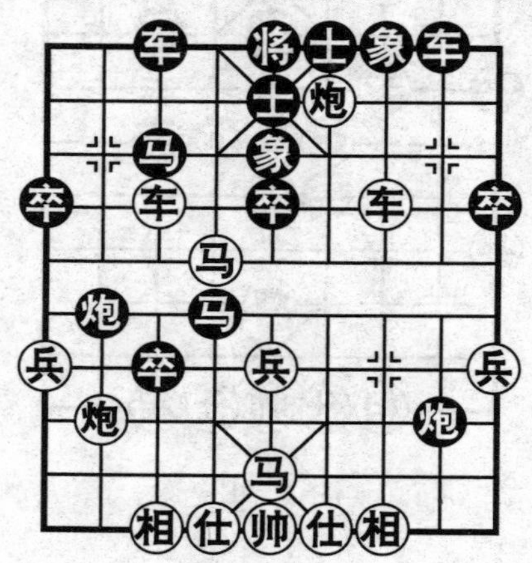

图1－43

20.　……　　炮8平4　　**21.** 车七退二　　……

如车七进一杀马，则炮4退3，车七进二，象5退3，炮八平三，马4进2，黑有攻势。

21.　……　　马3进4　　**22.** 车七平六　　……

目前红车捉双，然黑方处变不惊。

22.　……　　卒3平4

绝妙的献子！确保马、炮的安全。红如贪食黑方的献卒，黑则马4进6，踩双车。

23. 车六平五　炮2进1　　**24.** 车三退四　炮4进1

25. 马五进六　车3进6　　**26.** 马六退七　车3进2

27. 车五平六　车 8 进 4　　**28.** 炮四退七　炮 4 退 2

黑在多子的情况下，再次献炮，造成黑车捉双，红若车六退一食炮，黑仍可车 4 进 6 踏双车，至此黑胜。

第 44 局　车砍士借炮使马

如图 1－44，红方折一炮、一相及双兵，且红马正在车口，如被黑车吃去二路马，则红方立溃。现轮红方走子，且看红方如何应对。

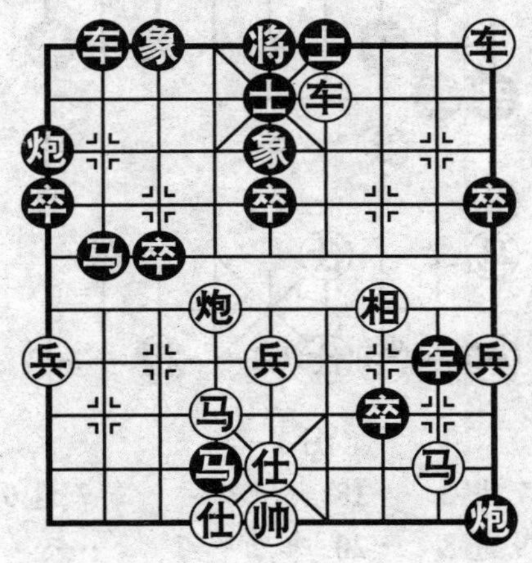

图 1－44

1. 炮六进五　……

虎口献炮！开山裂石。

1. 　……　车 2 进 1

如将 5 平 4，红则车四平五，绝杀。

2. 炮六平四　将 5 平 4　**3.** 车四平五　……

弃车砍士，为红炮让路，算度深远。

3. 　……　车 2 平 5　**4.** 炮四退八　象 5 退 7

5. 车一平三　车 5 退 1　**6.** 炮四平六　炮 1 平 4

7. 马六进八　炮 4 平 8　**8.** 马八进六　炮 8 平 4

9. 马六进八　炮 4 平 5　**10.** 马八进七　将 4 进 1

11. 车三退一　车 5 进 1　**12.** 车三平五　将 4 进 1

13. 马七退六

红借炮使马，一气呵成，至此红胜。

第45局　车塞帅位成双杀

图1－45为一则在全国象棋锦标赛上红、黑双方走完第16个回合时的形势。观枰面，双方中炮均占空头，大有拼个你死我活的态势。现轮红方走子：

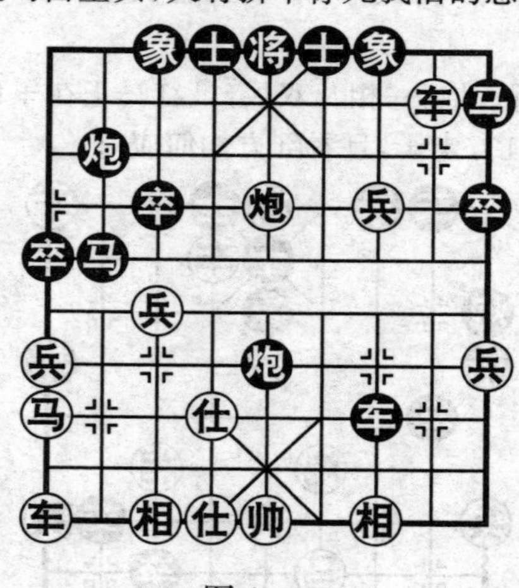

图1－45

17. 兵七进一　车7进2　**18.** 帅五进一　车7退6
19. 炮五退一　马9进8　**20.** 车二平四　……

如兵七平八丢马，黑则车7进5，帅五退一，马8进7，捉炮催杀红难应。

20. ……　卒3进1　**21.** 炮五平八　炮2平5
22. 帅五平四　后炮平6

车口献炮！精妙绝伦。

23. 车四退一　车7进5　**24.** 帅四退一　马8退6
25. 车九平八　炮5退5　**26.** 相七进五　车7进1
27. 帅四进一　车7平5

红看到以下如仕六退五，则炮5平6，仕五进四，马6进7，仕四退五，马7进6，仕五进四，马6进8，杀，遂认负。

第46局　兵不在多而在精

图1－46为“五羊杯”全国象棋冠军赛上一则两位特级大师战完27个回合后的中局形势。观枰面，黑方多卒，且有前车进7兑死车的强硬手段。红方一旦

被黑方兑去四路车，则会处于少子窘境。面对此种形势，红方走出：

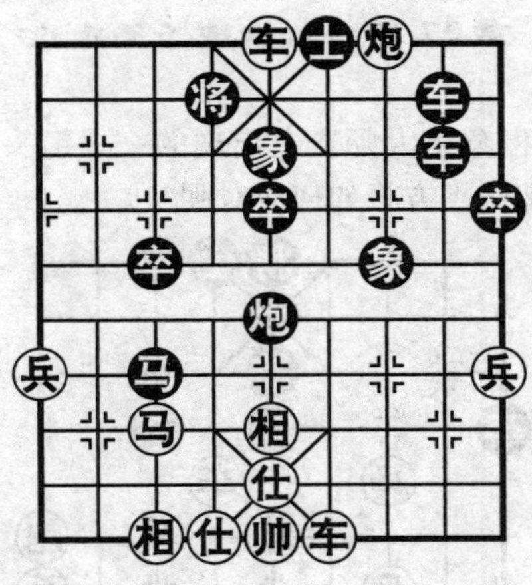

图 1－46

28. 炮三平二　　……

抓住黑方“折士怕双车”的弱点，毅然献炮，招法机警而强硬。

28. ……　　象 5 退 7　　**29.** 车五平四　　后车退 1
30. 后车进八　　将 4 进 1　　**31.** 前车平六　　将 4 平 5
32. 马七进五　　后车进 1　　**33.** 车四退三　　前车进 7
34. 仕五退四　　前车退 3　　**35.** 车四平七　　车 8 平 5

第 28 着献炮，此时又弃马，现在枰面上黑方已净多马、炮。但兵不在多而在精。

36. 仕六进五　　车 8 平 2　　**37.** 车七平三　　车 5 平 6

如车 5 进 1，红则帅五平六，马 3 进 2，帅六进一，车 5 平 3，车六退二，将 5 退 1，车三进三，将 5 退 1，车六进二，红胜。

38. 车三进二　　将 5 退 1　　**39.** 车三进一　　车 6 退 5
40. 车三进一　　车 6 进 8　　**41.** 车三退三　　卒 5 进 1
42. 车三退一　　车 2 进 8　　**43.** 帅五平六　　车 2 退 8
44. 车三平五　　将 5 平 6　　**45.** 车六退六　　马 3 进 2
46. 帅六平五　　车 8 进 4　　**47.** 车五平三　　车 8 平 6
48. 车三进三　　将 6 进 1　　**49.** 车六进四　　炮 5 退 3
50. 车三退一　　将 6 退 1　　**51.** 车三平五

至此，红胜。

第47局 双献炮千局难逢

图1－47为"九天杯"象棋大师赛上出现的一个镜头。观枰面，红马正捉黑中炮。现轮黑方走子，那么黑方将如何应对呢？

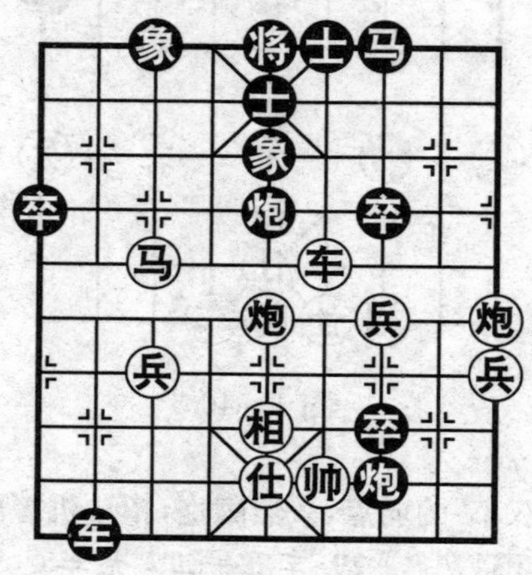

图1－47

1. …… 炮7平9

双献炮！不逃中炮，再献一炮，千局难逢。

2. 相五退七 ……

如马七进五，卒7进1，帅四进一，车2平8，黑胜。

2. …… 前卒进1 **3.** 帅四进一 炮9平5

4. 炮一进五 车2退2 **5.** 炮五退二 车2平4

至此，红藩篱被毁，无险可守，遂认负。

第48局 车前炮一献再献

图1－48为2008年首届"古青檀杯"象棋团体赛上一则红、黑双方走完25个回合后的中局形势。现轮红方走子：

26. 炮八平六 ……

献车，前炮开通车路，入局妙手。

26. …… 车1平6 **27.** 车八进八 马4进2

28. 车八退三 车6进1 **29.** 马六进五 车6退1

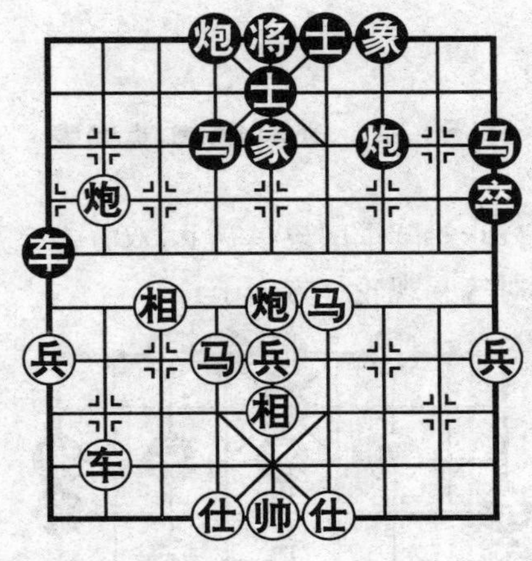

图 1－48

30. 车八退一　车 6 退 1　**31.** 炮六进一　……

再度献炮！留取精干力量。

31. ……　象 5 退 3　**32.** 炮六平一　象 7 进 9

33. 马五退二　车 6 平 5　**34.** 车八进一　车 5 退 1

35. 马三进二

至此，黑认负。如续走炮 4 进 1，红车八进三，绝杀。

第 49 局　献炮得炮妙入局

图 1－49 为 2008 年全国象棋甲级联赛上的一个镜头。双方走完 32 个回合后，形势如图 1－49。观枰面，红方已有优势。但如何入局，请看：

33. 炮八进五　……

献炮！摧毁黑方防线。

33. ……　马 3 进 2

如炮 7 平 3，红则马六进七，得车，胜。

34. 相五进七　象 5 进 3

35. 马六进七　炮 7 平 4

36. 车六退二　车 5 平 3

37. 炮六退一

以下红有仕五进六助攻的手段，黑见无

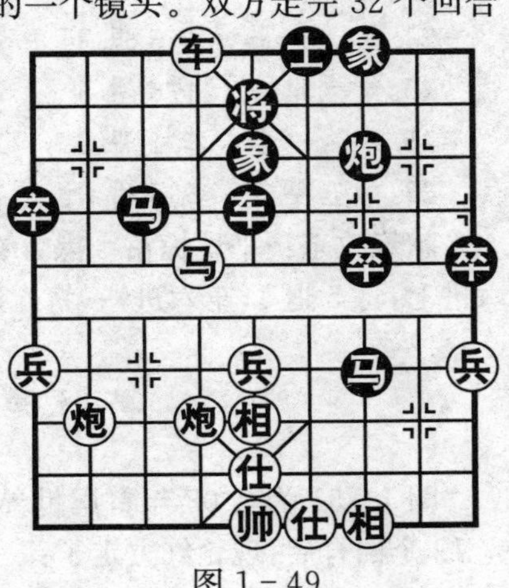

图 1－49

力回天，遂投子认负。

第 50 局　弃马献炮进出洞

图 1－50 为“威凯房地产杯”全国象棋赛上，双方走完 18 个回合后的中局形势。目前双方子力基本对等。现轮红方走子：

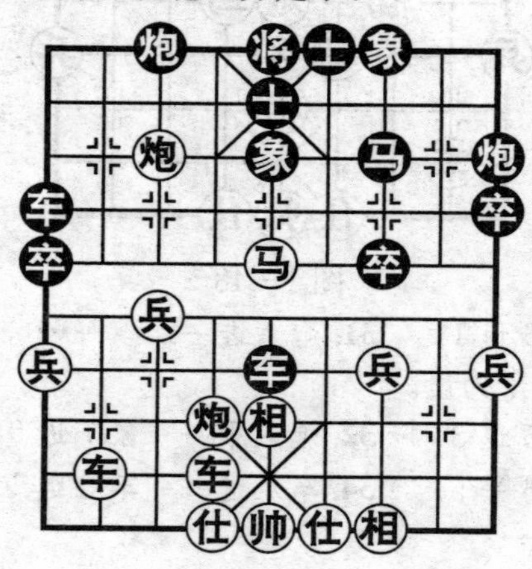

图 1－50

19. 炮七平八　　……

弃马攻杀，有胆有识。

19.	……	车 5 退 2	**20.**	炮八进二	炮 3 进 2
21.	炮六进七	炮 3 退 2	**22.**	炮六退一	士 5 退 4
23.	炮六退一	士 6 进 5	**24.**	炮六平三	炮 9 进 4
25.	车八进七	车 1 平 6	**26.**	仕六进五	炮 9 平 3
27.	帅五平六	象 5 进 3	**28.**	炮三平五	

献炮攻杀！平地惊雷。黑方看到以下如车 5 退 2，则车八平五，将 5 进 1，车六进七，将 5 退 1，车六进一，将 5 进 1，车六退一，“进洞出洞”杀，遂认负。

第 51 局　妙献炮马踏双车

图 1－51 为 2008 年首届世界智力运动会上出现的一则中局形势。双方走完 19 个回合后，现轮红方走子：

20. 兵七平六　　……

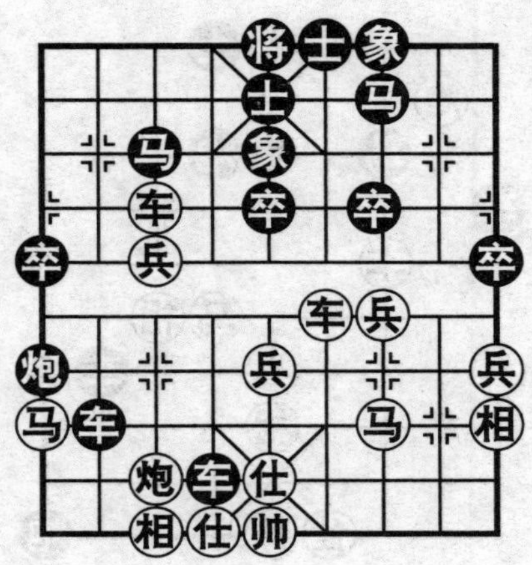

图 1－51

红方虽看到黑有炮 1 平 3 叫杀打车的手段，却轻率地走出了此招。

20. …… 炮 1 平 3

献炮！妙极！

21. 车七退三 ……

红如挪炮，黑可车 4 平 3，再叫杀。

21. …… 马 3 进 4 **22.** 车七进三 马 4 进 6
23. 马三进四 卒 1 进 1 **24.** 炮七进三 卒 1 进 1
25. 马四进五 卒 1 进 1 **26.** 炮七平五 马 7 进 6

至此，黑胜。

第 52 局 妙献炮令敌难防

在 2008 年全国象棋男子团体赛上佳局迭出。图 1－52 为这次比赛中一则红、黑双方走完 29 个回合后的形势。观枰面，双方子力大致对等。现轮红方行棋：

30. 炮五进一 ……

献炮！破坏黑方防御体系。

30. …… 士 4 进 5 **31.** 车七进二 炮 6 平 8
32. 炮八进一 车 8 进 3 **33.** 帅五进一 车 8 退 1
34. 帅五退一 士 5 进 4 **35.** 车七进二 将 5 进 1
36. 炮八退五 卒 5 进 1 **37.** 车七退四 将 5 退 1

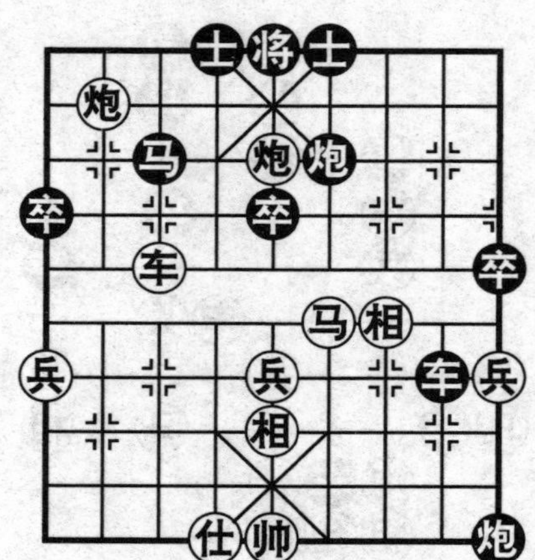

图 1－52

38. 车七平五　士 6 进 5　　39. 炮八平五　将 5 平 4
40. 车五平七　炮 8 退 2　　41. 马四进五　将 4 平 5
42. 马五进四

至此红胜。

第 53 局　再献炮一锤定音

图 1－53 为全国象棋锦标赛上一则双方走完 19 个回合后的中局形势。现轮红方走子：

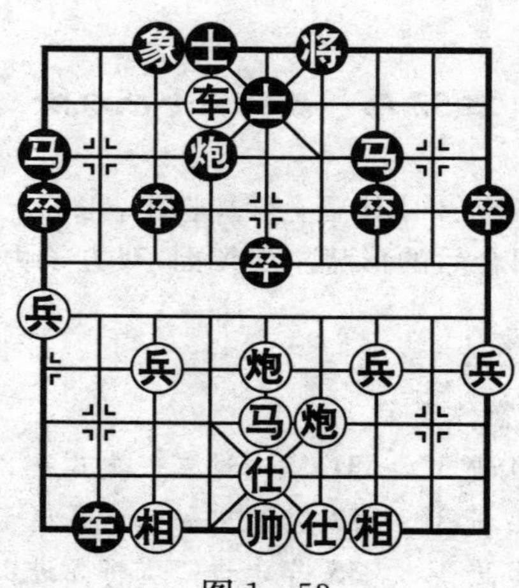

图 1－53

20. 炮四进五　　……

红置底相于不顾，反而献炮，招法生动有力。

20.　……　　将6进1

黑上将败着，如改走卒5进1，尚可周旋。

21. 炮五平四　　……

红方献炮是铁了心，现逼黑上将吃炮。

21.　……　　将6进1　　**22.** 马五进四　将6平5

23. 马四进三　将5平6　　**24.** 马三退五　将6平5

25. 炮四平五　马7进5　　**26.** 炮五进三　车2退5

27. 炮五进二　车2平4　　**28.** 马五进三　将5平6

29. 炮五退一

再献炮一锤定音，红胜。

第54局　三献炮精妙绝伦

图1-54为“景山杯”全国16省市象棋赛上一则双方走至第14个回合时的中局形势。观枰面，红方折相。现轮黑方走子，请看黑方如何抓住红方这一弱点发动攻势。

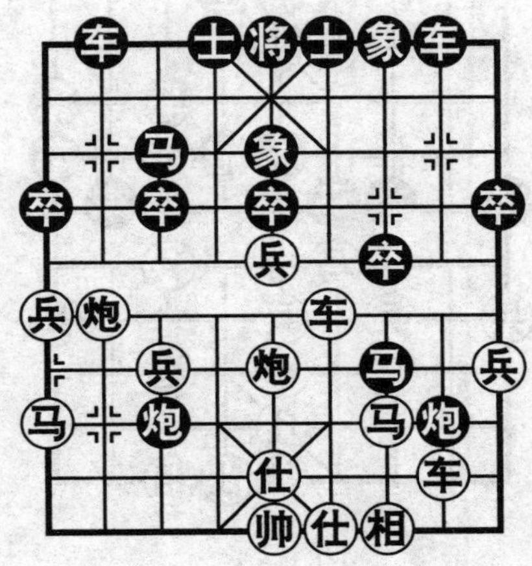

图1-54

14.　……　　炮3平5

献炮攻杀！强劲有力。

15. 帅五平六　炮5退3　　**16.** 仕五进六　士4进5

17. 炮八退一　车2平4　**18.** 炮五平六　炮8退1

再度献炮！招法凶狠。

19. 炮六进一　……

红如接受献炮，黑则车4进7，红立溃。

19. ……　炮5进1　**20.** 炮八平三　车4进5

21. 仕四进五　炮8平3

第三次献炮！精妙绝伦！

22. 车四平五　炮3平4　**23.** 帅六平五　车4平5

24. 车二进八　车5平7　**25.** 马九退七　车7进1

26. 马七进六　车7平4　**27.** 相三进五　车4平7

28. 马三退四　车3卒1

至此，黑净多3卒，胜定。

第55局　投鞭断流任纵横

图1-55为全国象棋个人赛上的一个片断。双方走完24个回合后，现轮红方走子。观枰面，双方子力交错，似乎一时很难找出攻击点。可此时红方走出：

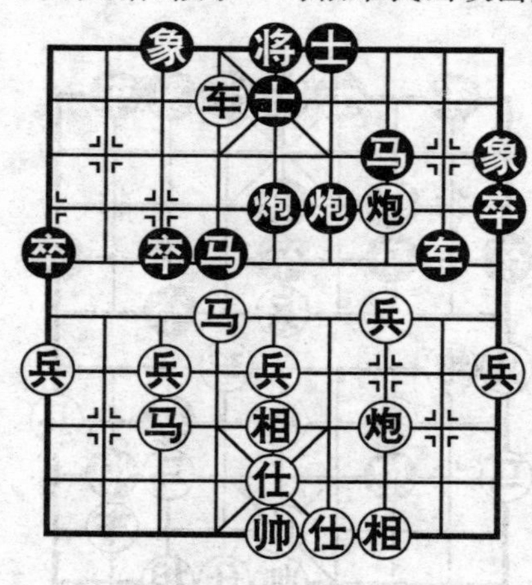

图1-55

25. 前炮退一　……

献炮！投鞭断流。切断黑方车马联系。黑如不接受献炮，红可横向扫卒。

25. ……　马4进6

黑如接受献炮，走象9进7，则兵三进一，车8平7，炮三进五，车7退2，车六退三，红赚取一象优势。

26. 前炮平九　车8退2　**27.** 炮九进四　象3进1

28. 车六平八　将5平4　**29.** 车八退一

以下黑方看到马6进7后，红马六进五叫杀，遂认负。

第56局　少子献子勇者胜

此局为“七斗星杯”全国象棋甲级联赛上出现的片断，双方走完21个回合后，形势如图1-56。观枰面，黑方多马多卒。那么在此困难情况下，红方该如何行棋呢？

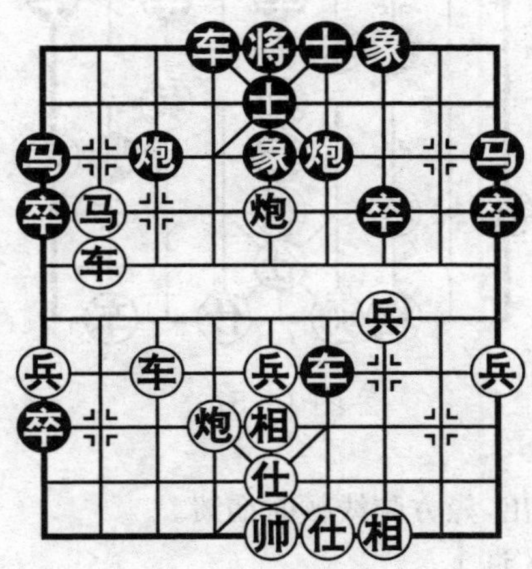

图1-56

22. 炮六进五　……

本来少一马，现又献炮，红方大胆拼搏的精神令人赞叹！

22. ……　车6退3

两军交战勇者胜。黑如炮6平4，接受献炮，红则车七进四，炮4退1，车七平九，车6平5，炮五退一，红方夺回一子，并有攻势。

23. 车七进四　车6平5　**24.** 炮六平四　士5进6

25. 马八进六　将5进1　**26.** 车八平二　马9退7

27. 车七平九　车5平4　**28.** 车九进一　后车进1

29. 车二进三

至此，红胜。

此局红方在相当困难的情况下，通过献炮破坏对方的防御体系，实施一系列强有力的打击手段，最终获胜。此局堪称不可多得的佳局。

第 57 局　妙献炮破士擒敌

图 1－57 为全国象棋甲级联赛上双方战完 22 个回合后的中局形势。观枰面，黑方失象，红方略优，但红方要想取胜也非易事。以下请看红方如何入局：

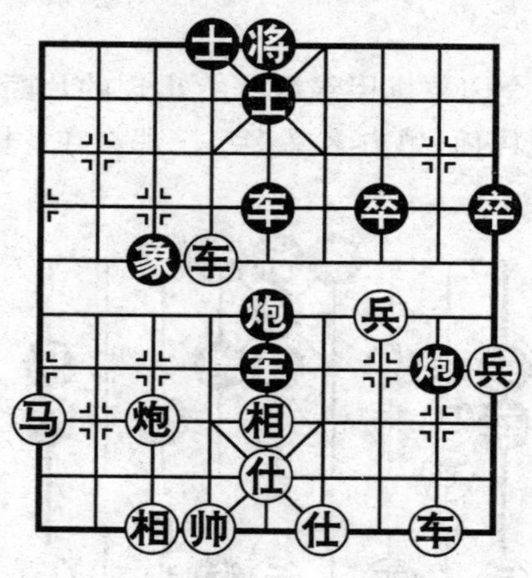

图 1－57

23. 炮七进一　　……

献炮！红方此招一出，黑方防线顿时崩溃。

23.　……　　炮 8 退 1

黑在无奈的情况下，勉强支撑一着。如炮 8 平 6，车二进三，后车平 6，炮七平六，以下红又炮六进六破士。

24. 兵三进一　炮 8 平 6　　**25.** 兵三平四　将 5 平 6

26. 炮七平六　炮 6 进 1　　**27.** 车二进九　将 6 进 1

28. 车二退一　将 6 退 1　　**29.** 炮六进六

至此，黑投子认负。

第 58 局　一着献炮全局终

图 1－58 为一次“大师邀请赛”上出现的一则中局形势。目前黑车正捉红马，现轮红方行棋，以下请看红方如何应对：

1. 炮五进四　　……

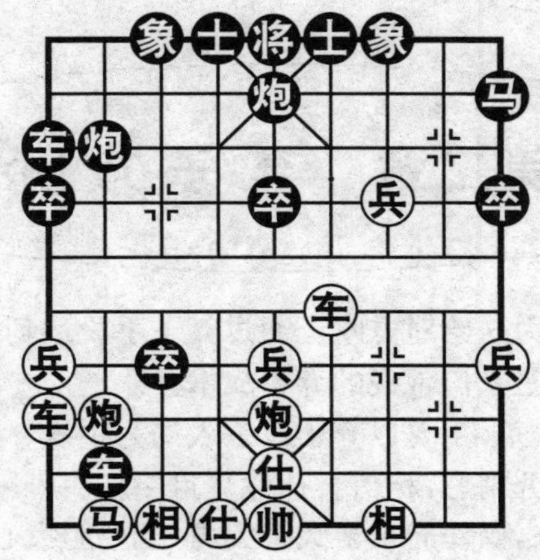

图 1-58

进攻是最好的防守，红方采取围魏救赵之术。

1. …… 炮 5 进 5　**2.** 帅五平四　炮 2 平 6

3. 炮八平四　车 2 退 3

红围魏救赵得逞，黑已无暇吃马，退车防守无奈。

4. 车四进二　车 2 平 5　**5.** 炮四进五　炮 5 退 3

6. 炮四平五

红献炮于乱军中，一锤定音！下伏车四进三的凶招，至此红胜。

第二章　弃子攻杀

弃子，即主动将子力送给对方吃。通过弃子手段达到预期的战略目的，包括争先、取势、入局等，就是人们常说的弃子战术。

本章介绍的弃子攻杀，主要以弃子攻杀入局为主线。因每盘弃子攻杀，战斗皆异常激烈，过程都十分精彩，相信会让你耳目一新。

实战中的弃子攻杀，操作起来要大智大勇，既要胆大心细又要计算周密。若一旦失误陷入困境，则追悔莫及。

本章介绍的弃子攻杀，仅限于车、马、炮3种进攻型的强子兵种。第一节“勇弃双车成妙杀”，列举了弃双车攻杀入局12例；第二节“惊人弃车攻破城”，介绍了弃车攻杀破城的实例18局；第三节“弃马攻杀成霸业”，分析弃马攻杀定乾坤的实例17局；第四节“舍炮强攻势如虹”，用11局实例阐述了弃炮在攻杀入局中的作用。

第一节　勇弃双车成妙杀

弃双车关系重大，它是弃子战术中攻杀性最强、杀伤力最大的一种。在实战中，弃车手段运用得好，可起到立竿见影的效果，形成的杀局精彩动人。其惊险程度令人揪心，其艺术魅力让人荡气回肠。

第59局　献弃车妙笔生花

如图2-1形势，双方子力基本对等。现轮红方走子。红方看到如马四进六扑槽，会遭到黑士5进4的阻击，如此红马便无功而返。一计不成，再来一计，此时红方走出：

1. 炮五进五　象7退5　**2.** 马四进五　……

红一炮换取黑方双象，攻势如潮。

2. ……　车2平3　**3.** 炮八进三　……

弃炮！制定可持续发展进攻方案。

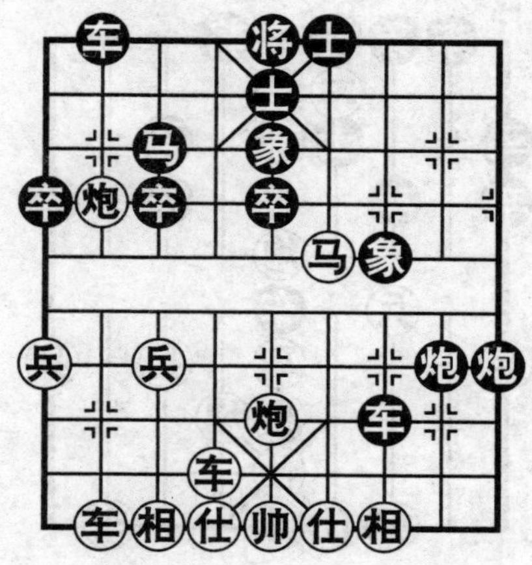

图 2-1

3. …… 马 3 退 2 **4.** 车八进九 ……

献车！这是弃炮后的持续发展。

4. …… 士 5 退 4 **5.** 车六进八 ……

再弃一车！妙笔生花。

5. …… 车 3 平 4 **6.** 马五进六 将 5 进 1

7. 车八退一 将 5 退 1 **8.** 马六退七

至此，黑空有车、双炮，但无法防守红方下一手车八进一的杀着。红胜。

第 60 局 先置死地而后生

如图 2-2 中局形势，黑方中车正在捉双，而红六路车似乎被困。乍看枰面，一般都会认为黑优。现轮红方走子，请看红方如何行棋：

1. 车六进一 ……

弃车砍炮！是聊以自慰，还是置之死地而后生？

1. …… 士 5 退 4 **2.** 车二进四 ……

弃车、献车！究竟是破罐破摔，还是破釜沉舟？

2. …… 车 5 平 8

如车 5 进 1，车二平四，杀。

再如车 5 退 1，则马五进四，将 6 平 5，马四进三，象 5 退 7，车二进五，象 3 进 5，炮四进六，士 4 退 5，车二平三，士 5 退 6，车三平四，红胜。黑看到此两路变化均不能挽救败局，索性吃车聊以自娱。

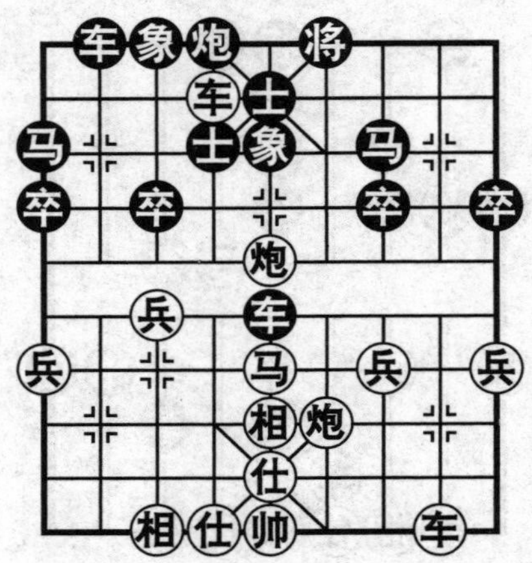

图 2－2

3. 马五进四　车 8 平 6　　**4.** 马四进三

红胜。

第 61 局　两度弃车铸妙杀

图 2－3 是在全国象棋团体锦标赛上出现的一则由五七炮对屏风马进 7 卒战成的中局形势。

观枰面，红方多子要杀，黑似难解。现轮黑方行棋。岂料黑方走出：

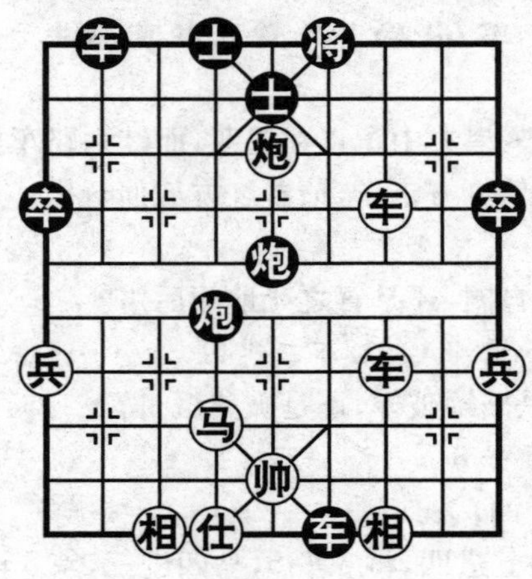

图 2－3

1. …… 车2进8

弃车攻杀，看似最后挣扎，实则雷霆万钧。

2. 马六退八 车6平5

再弃一车！十万天兵难敌此招！

3. 帅五退一 ……

红帅不能左右移动，天赐良机。

3. …… 炮4平5

至此，黑胜。遗憾的是红空有双车、马、双炮，但不能解围，含恨负于黑双炮。

第62局 再弃车五岳坍塌

如图2-4形势，黑方车、马、炮三子同时被捉。在这种极其危险的情况下，黑方不慌不忙走出：

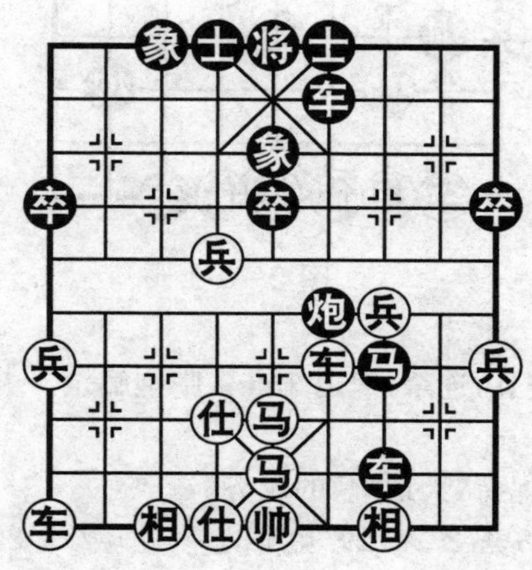

图2-4

1. …… 炮6平5

大胆弃车，炸平南岳，推倒华山。

2. 车四进五 马7进8

极其绝妙的一招，现瞄相造杀，又阻止红三路相移动，这是弃车后的持续发展。

3. 车四退八 炮5进1 4. 车九平八 车7进1

再弃一车！五岳坍塌。

5. 车四平三　马 8 退 6　　**6.** 帅五平四　炮 5 平 6

黑胜。

第 63 局　天地炮炮响摧兵

图 2-5 为一则在第 8 届世界象棋锦标赛上，红、黑双方以中炮过河车对屏风马平炮对车战完 26 个回合后形成的中局形势。现轮红方走子：

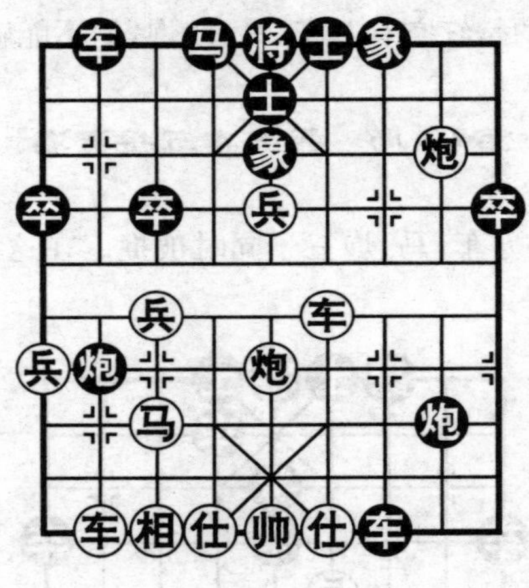

图 2-5

27. 炮二进二　车 7 退 3

红方进炮伏车四进五，连杀，黑退车准备啃炮解杀。

28. 炮五进一　　……

按既定方针造杀，保持"天地炮"的攻势。

28. 　……　　炮 8 进 2　　**29.** 帅五进一　车 7 进 2

30. 帅五进一　车 7 退 1　　**31.** 帅五退一　车 7 进 1

32. 帅五进一　炮 2 进 1　　**33.** 车八进二

黑情急之下，慌不择路。现红弃车啃炮。黑看到以下如车 2 进 7，红则可先车四进五，再弃一车，形成连杀，遂认负。

第 64 局　车杀士成竹在胸

如图 2-6 所示中局形势，黑炮串打，看似红方要丢子。现轮红方走子，请看红方如何行棋。

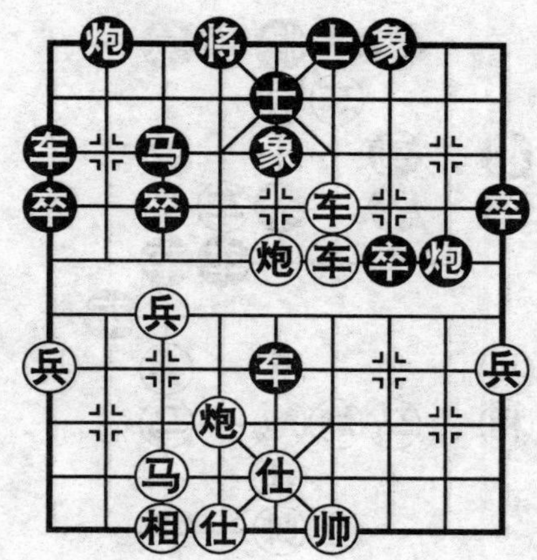

图 2－6

1. 前车进三　炮 2 平 6　　**2.** 车四进四　将 4 进 1

红勇弃双车，成竹在胸。黑如士 5 退 6，红则马七进六，绝杀。

3. 炮五平六　车 5 平 4　　**4.** 马七进六　炮 8 平 4

5. 马六进四　炮 4 平 5　　**6.** 马四退六　士 5 进 4

7. 车四退一　将 4 退 1　　**8.** 马六进五

以下黑如将 4 平 5，马五进三，绝杀。再如士 4 退 5，车四进一，将 4 进 1，马五退六，抽马，红多子胜定。

第 65 局　千古佳局世难逢

图 2－7 为在北京举行的世界象棋锦标赛上出现的一则中局形势。现轮红方走子：

1. 车四平三　炮 5 平 9　　**2.** 马七进六　车 6 退 2

3. 炮五进四　马 3 进 5　　**4.** 车六进一　将 5 进 1

5. 马六进五　炮 9 平 7　　**6.** 炮六平五　……

弃车！胸中自有雄兵百万。

6. ……　炮 1 平 5　　**7.** 车三进一　……

按既定方针办，决心弃车。

7. ……　炮 5 平 7　　**8.** 车六退一

再弃一车！千古佳局，千载难逢。以下黑如上将或下将会被将死。只能走后炮平 4 去车，红则马五进七，将 5 平 6，马七进六，巧杀！

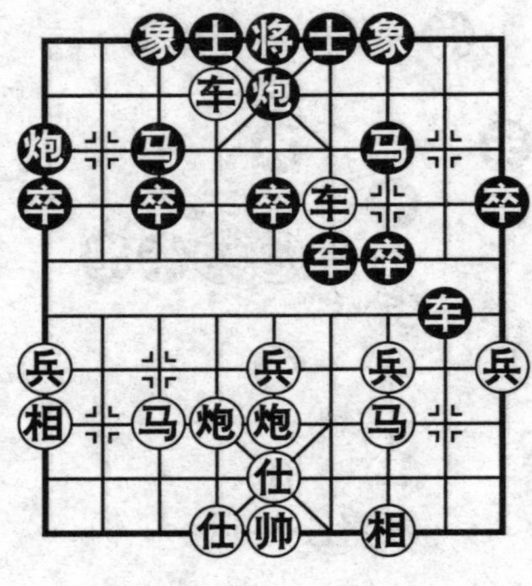

图 2－7

第 66 局　运筹帷幄算周详

图 2－8 为全国象棋个人赛上一则红、黑双方走至第 20 回合时的中局形势。观枰面，黑方双马分别被捉，现轮黑方行棋，那么黑方将如何应对呢？

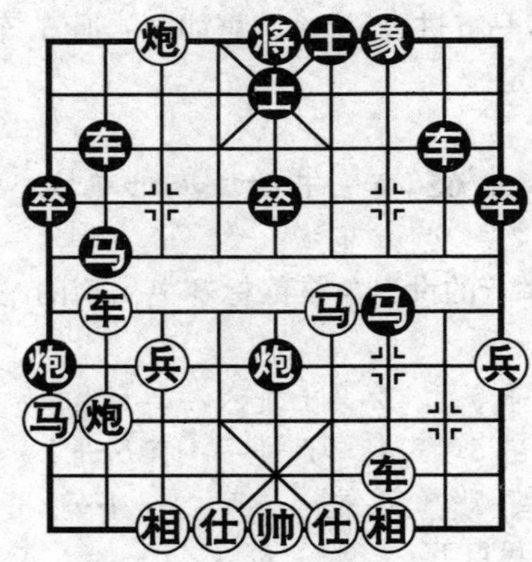

图 2－8

20. ……　　马 2 进 4

左马仍在车口，现又弃车，究竟是运筹帷幄还是虚张声势？

21. 炮八进五　马 4 进 5　**22.** 仕四进五　马 5 进 7

23. 帅五平四　车 8 平 2

再弃一车！果然是"运帷幄，算周详"。现以车咬炮，先解杀，算准以下双炮、双马可奇袭敌营。

24. 车八进三　炮5平6　25. 帅四进一　前马退8
26. 仕五退四　马7进6　27. 帅四平五　马8退6
28. 相三进五　后马进4　29. 帅五平六　炮6退4
30. 车八退二　炮6平4　31. 车八平六　马6进8
32. 仕六进五　马4退6　33. 车六平三　炮1退2
34. 车三平七　象7进5　35. 车七进一　炮1平4
36. 车七平六　象5退3

红胜。

第67局　弃车踏象双炮鸣

如图2-9，黑方剑拔弩张，现有车8平6的凶招，目前红方似乎找不出攻击点。现轮红方走子，且看红方如何出手：

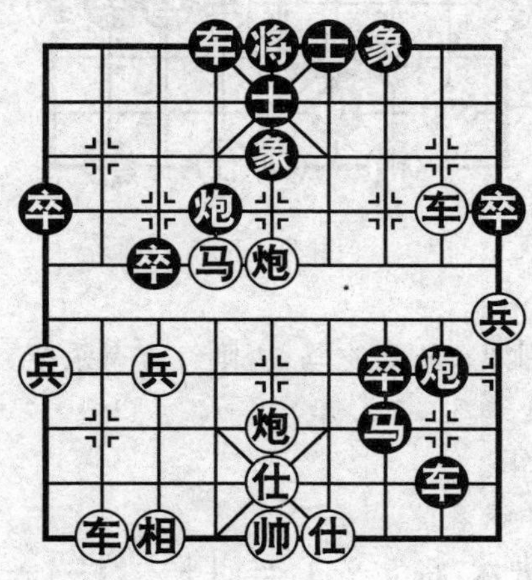

图2-9

1. 车二平六　……

弃车攻杀，冷眼观看，像是无奈之举，实则红方已成竹在胸。

1. ……　车4进3

如车8平5催杀，红则车六进三，将5平4，后炮平六，连杀。

2. 车八进九　车4退3　3. 马六进五　……

再弃一车，红双车英勇牺牲，换取最后的胜利，红车死得其所。

3. …… 车4平2 4. 帅五平六 车2平4

5. 马五退六 象7进5 6. 后炮进五

绝杀。

第68局 弃双车山岳震撼

如图2－10，这是一则网上对弈中局形势。观枰面，双方对攻激烈，目前红方面临黑车捉双。现轮红方走子，请看红方如何应对：

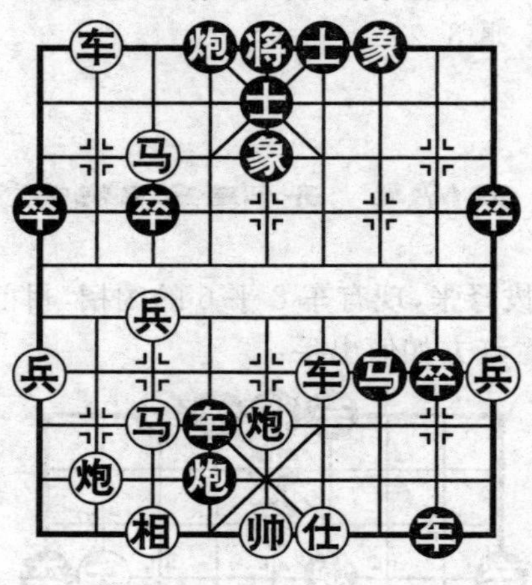

图2－10

1. 炮八进一 ……

驱赶黑车，精巧！因黑车不敢吃马，否则红方有杀招。

1. …… 车4退5 2. 车八平六 ……

弃车砍炮！平地惊雷。

2. …… 炮4退8

如车4退2，马七进六，将5平4，车四平六，将4平5，车六退二，红多子胜定。

3. 炮八进七 炮4进1 4. 车四平六

再弃一车，翻江倒海，山岳震撼。以下将5平6，马七进六，红胜。

第69局 不恋双车妙入局

图2－11为一则在全国象棋个人赛上双方走至第21回合时的形势。观枰

面，黑方4路车正处于红方炮口之下，而2路车、炮又被红方拴链。现轮黑方行棋。黑方还能转危为安吗？

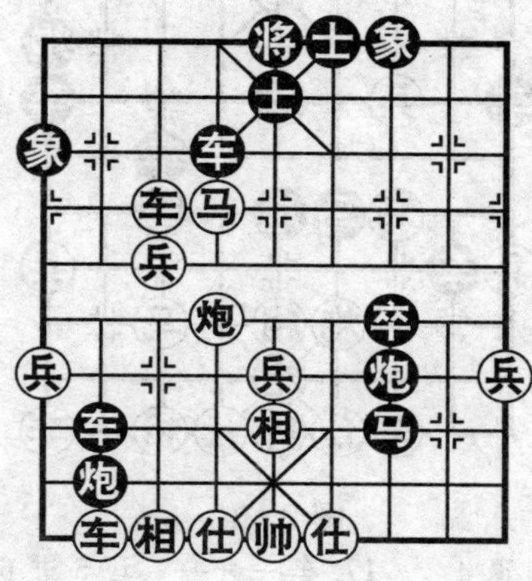

图2-11

21. …… 炮2平9

惊天妙手！双弃4路车与2路车，飞炮奇袭红方薄弱的右翼。

22. 车八进二 炮9进1 **23.** 仕四进五 马7进9

24. 马六进四 ……

弃马活通车路乃无奈之举。如帅五平四，马9进7，帅四进一，马7退8，帅四进一，炮9退2，黑速胜。

24. …… 车4平6 **25.** 炮六平五 士5退4

26. 车七平五 士6进5 **27.** 车五平二 将5平6

28. 仕五进四 马9进7 **29.** 车二退六 车6平8

红方看到以下如相五退三（车二平一，马7退6，帅五进一，车8进6，杀），车8进7，失子失势，遂认负。

第70局 两度弃车演佳局

图2-12为全国象棋团体赛上一则双方战至第15回合时的中局形势。观枰面，黑方子力处于进攻态势。而红方严加防守，似乎也无懈可击。现轮黑方行棋，那么黑方如何在这看似平淡的局面下寻求攻击点呢？

15. …… 炮5进3

弃车攻杀！在平静的湖面上投下一方巨石，激起了无尽的波纹。

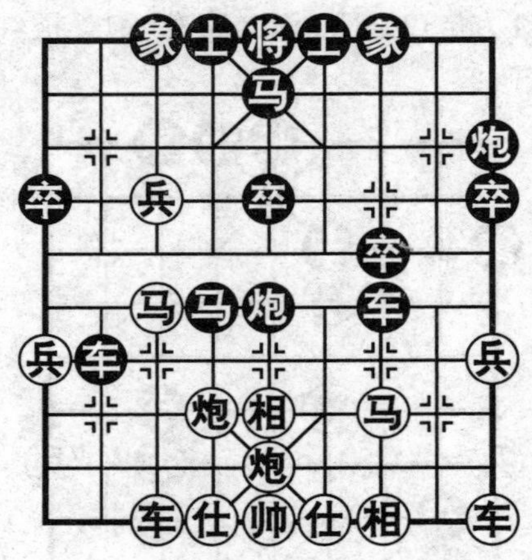

图 2-12

16. 相五进三　炮 5 退 4　　**17.** 车一进一　马 5 进 6

18. 相三退一　炮 9 平 7

着法细腻！如径走车 2 平 5，红则车一平五，多生枝节。

19. 马三进四　车 2 平 5　　**20.** 车一平五　马 4 进 6

21. 炮六平四　炮 7 进 7　　**22.** 相一退三　后马进 7

23. 车七进二　车 5 进 1

再度弃车，精妙绝伦。至此，红方无子可动，眼睁睁坐等黑方马 7 进 6 的杀着而无能为力。

第二节　惊人弃车攻破城

弃车仅是手段，通过这一手段展开杀势完成杀局，才是最终目的。所以不允许失算，否则弃车之后落入困局，将必败无疑。

第 71 局　弃车掠象乱敌阵

在“雪中刀杯”首届中游象棋个人赛上，佳局迭出。图 2-13 是一局双方战完 26 个回合后的形势。现轮红方走子：

27. 车八平七　　……

此时红方突然弃车砍炮，是黑方始料未及的招法。

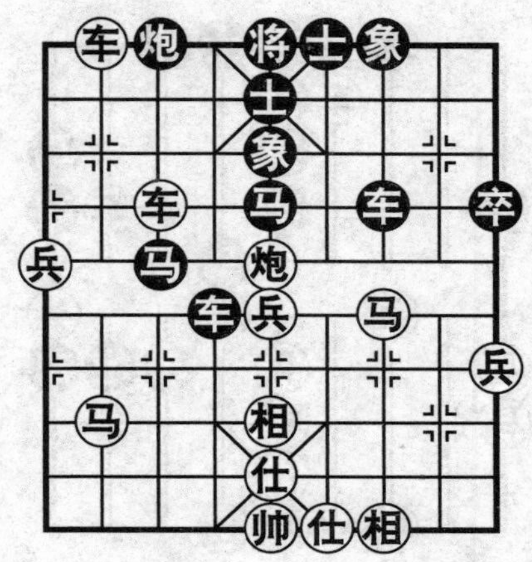

图 2－13

27. ……　　象 5 退 3　　28. 车七进三　车 4 退 5

29. 车七退四　　……

红方虽弃一车，但换得黑方马、炮，并掠得一象，致使黑方阵形大乱。

29. ……　　象 7 进 5　　30. 车七进一　车 4 进 2

31. 马八进七　车 4 平 3　　32. 车七平八　车 3 平 4

33. 炮五平八　　……

黑方固守中路，此时红方平炮腾挪，给其他子力让位。

33. ……　　象 5 进 7　　34. 马三进五　车 7 平 8

35. 车八平七　车 4 平 3

红方平车闪击，黑不能车 4 平 2 拦炮，因红有马七进八的严厉手段。

36. 炮八进一　车 3 进 1　　37. 马五进七　士 5 进 6

38. 兵五进一

至此，黑必丢马，以下形成“累死车”。红胜。

第 72 局　再弃车毁敌藩篱

图 2－14 为一则在全国象棋个人赛上红、黑双方弈成的中局形势。现轮红方走子，此时黑马正踏红车，红方该如何行棋呢？

1. 马四进六　　……

毅然弃车，飞马入阵，胸中自有雄兵百万。

1. ……　　马 6 退 4

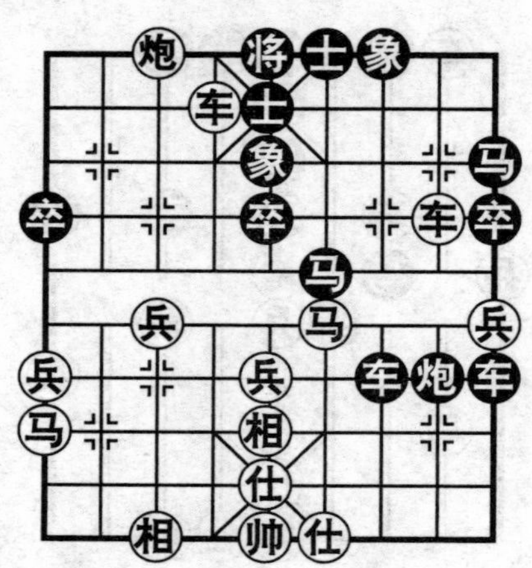

图 2-14

无奈之举。否则无法阻挡马六进七的杀着。

2. 车六退二　象 5 退 3　**3.** 马六进八　士 5 进 6

4. 马八进六　将 5 进 1　**5.** 马六进七　将 5 平 6

6. 车六进二　士 6 进 5　**7.** 马七退六　将 6 退 1

8. 车六平五

再次弃车！但黑不能士 6 退 5 接受弃车，因红有车二平四杀着。至此，黑藩篱被毁，红胜。

第 73 局　车砍士海底捞月

图 2-15 为锦州市两位业余棋手弈成的一则中局形势，现轮红方走子。观枰面，黑方失士多马，如打持久战，则对红方不利，那么红方采取何种措施速战速决呢？

23. 前车平五　……

在失子的情况下，现又弃车，真乃艺高人胆大。

23. ……　马 7 退 5　**24.** 车六进五　将 6 进 1

25. 炮六进六　将 6 进 1　**26.** 车六平四

红方弃车砍士，杀法精彩，一招海底捞月令人拍案叫绝。

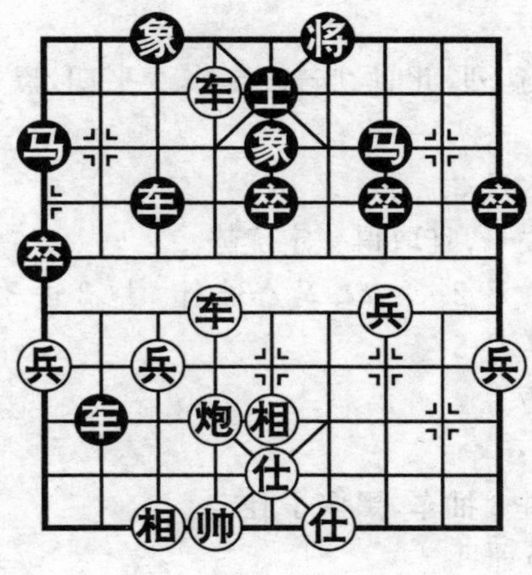

图 2-15

第 74 局　弃车咬马功力深

图 2-16 为“五羊杯”全国象棋冠军赛上一则红、黑双方走完 14 个回合后的中局形势。现轮红方走子：

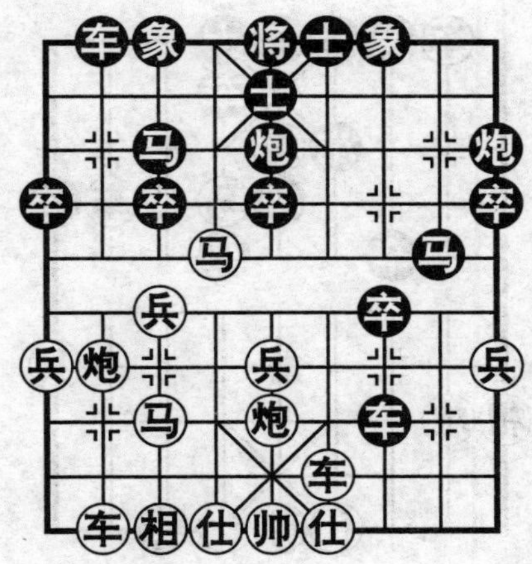

图 2-16

15. 马七进八　车 2 进 5

弃车攻杀，着法明智。如逃车，则局面将极度被动。

16. 马六退八　马 8 进 6　　**17.** 车八进二　炮 5 进 4

18. 仕六进五　炮 9 平 6　　**19.** 车四平二　马 6 进 4

20. 炮八平七　　……

黑方自弃车后攻势猛烈，此时红若改走车八平四，黑则炮 5 平 2 后，伏炮 2 进 3 谋红中炮。

20.　……　　炮 5 平 3

至此，黑基本得回失子，且取得一定优势。

21. 车八平六　炮 3 平 2　　**22.** 马八进七　炮 2 进 3

23. 相七进九　车 7 平 5

再次弃车，招法凌厉。

24. 车六进一　　……

如车六平五，马 4 进 3 抽车，黑多子胜定。

24.　……　　车 5 平 1

至此，红藩篱被毁，终局黑胜。

第 75 局　屡弃车欺敌无力

图 2－17 为第 7 届“西凤杯”中国象棋公开赛上一则红、黑双方走完 25 个回合后的中局形势。观枰面，黑马正捉红车。现轮红方走子，红方该如何处理呢：

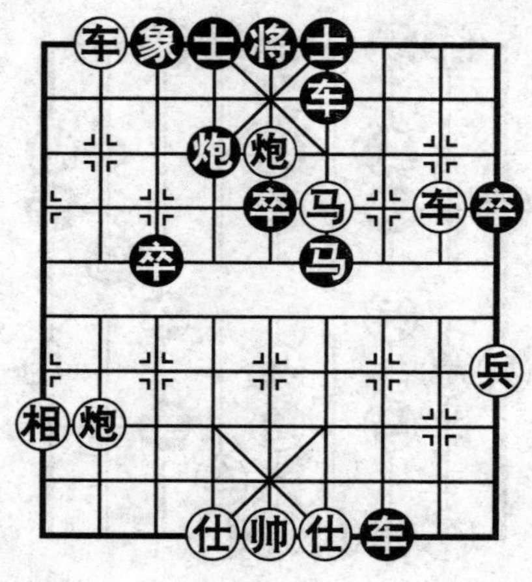

图 2－17

26. 车八平七　　……

弃车吃象，难道是红失察吗？

26.　……　　车 7 平 6

黑弃车吃士，难道也失察吗？原来黑若走马 6 退 8 吃车，红则炮八进七，车

6平2,车七退一,车2退1,车七平五,杀。现黑弃车咬仕,企图兑子,减缓红方攻势。

27. 帅五进一　　……

红方不接受黑方弃车,仍保留复杂局面。

27. ……　　炮4平2　　**28.** 炮八平五　　……

继续弃车,"我自岿然不动"。

28. ……　　后车进一

如马6退8,前炮平七,士6进5(车6平5,帅五平六,红胜),车七平八,前车退1,帅五退一,红胜。

再如,黑先走前车退1,帅五退一,马6退8,前炮平七,后车平5,车七平八,车5进1,炮七进二,士4进5,炮七平四,士5退4,炮四退八,红胜定。

29. 车二进二　马6进4　　**30.** 车七退一　马4进3

31. 后炮平六

至此,黑看到如后车平5,则马四进三,车6退8,车七平四,黑丢车亦难守和,遂投子认负。

第76局　搏象弃车马蹄疾

图2-18是第3届全国体育大会象棋赛第7轮一则煤矿队与甘肃队两棋手战至第31回合时的中局形势。枰面上,黑多两卒,子力占优,红方兵种齐全。论

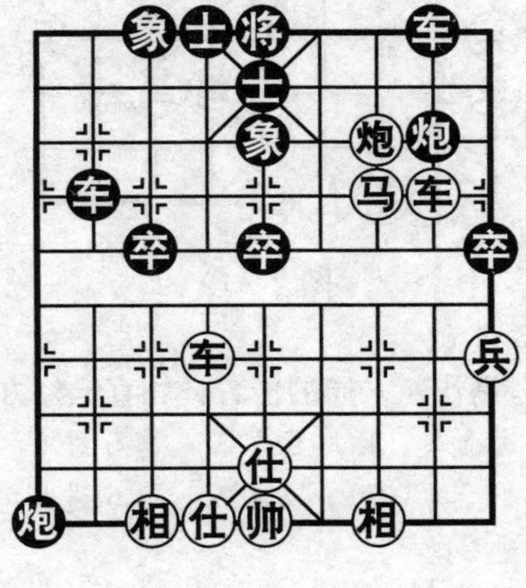

图2-18

局势红牵黑方无根车炮，黑车拴红方车马，相互制约。现轮走子的红方突然弃车跃马踏象，攻杀凌厉而精彩！

32. 马三进五！ ……

毅然进马咬象，弃车攻杀，有胆有识，妙！

32. …… 车2平8 **33.** 马五进三 将5平6

34. 车六平四 士5进6 **35.** 炮三退五！

退炮闪击，双重威胁！以下黑如将6进1，解杀，则红马三退二，去车胜定。可见以上马五进三这手不仅凶悍，而且计算精确。红胜。

第77局 轰兵弃车显功夫

图2-19是全国象棋个人赛辽宁队对广州队棋手的一则实战中局。枰面红马正双捉黑方车炮，轮走棋的黑方却轰兵弃车，以下步步追杀，紧凑入局。请看实战着法。

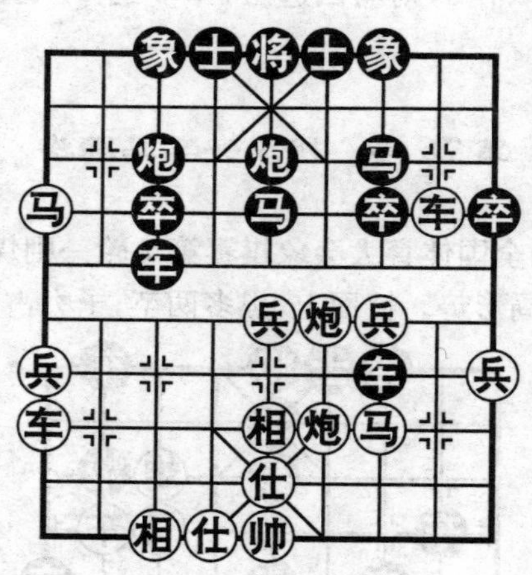

图2-19

1. …… 炮5进3！

炮轰中兵大胆弃车，是快速入局的佳着！凭直觉红方难以防守。

2. 马九退七 卒3进1 **3.** 帅五平四 马5进6

4. 马三退一 车7平9 **5.** 车二退五 马6进7

6. 车二平三 车9进2！

黑弃车后，步步追杀，红难以招架。现以车砍马，红只有车三进一，车9平6！帅四进一（若帅四平五，则炮3进7，闷宫杀！），炮3平6，炮四进七，炮5平6，重炮杀，黑胜。

第78局 衔枚疾进悄无声

图2-20为一则网上对弈双方走完17个回合后的中局形势。观枰面，黑在红方底线有炮辗丹砂抽车之势。现轮红方走子，红方毅然弃车走出：

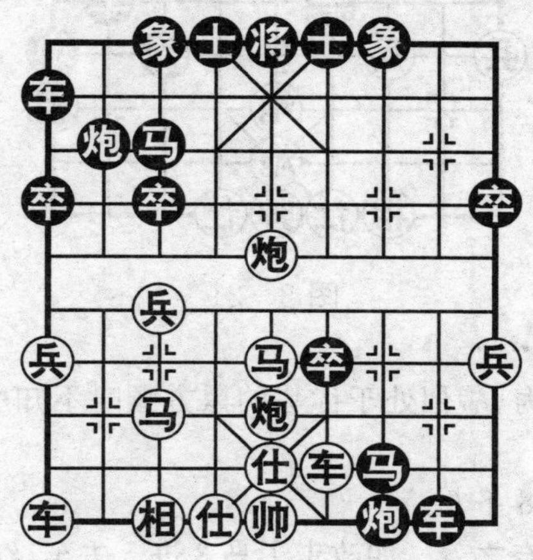

图2-20

18. 马五进六	卒6平5	**19.** 马七进五	炮7平4
20. 仕五退四	炮4平1	**21.** 帅五进一	马7退6

企图下着兑车，以多子之势防御。

22. 车四进二	车8退1	**23.** 车四退二	车8平6
24. 帅五平四	将5进1	**25.** 马五进三	……

马行秘道，衔枚疾进。

25. ……	将5平4	**26.** 后炮平六	将4平5
27. 马三进四			

红胜。

第79局 庆胜利双炮齐鸣

图2-21为红、黑双方走完19个回合后的中局形势。观枰面，双方大子对等，红飞边相，军容不整；黑方多一过河7路卒，且有将5平4叫杀之势。现轮红方行棋，且看红方如何应对。

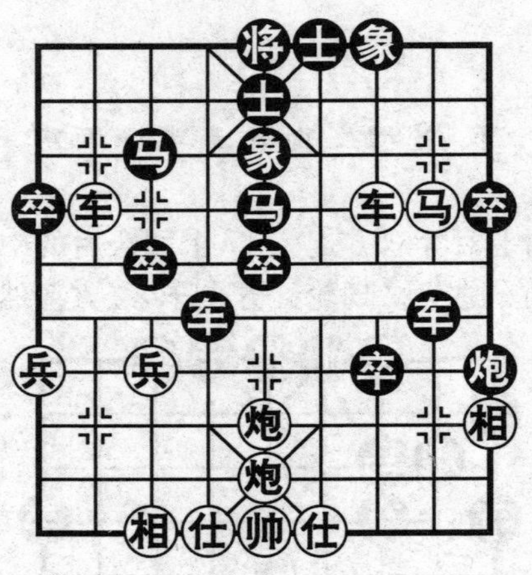

图 2－21

20. 车三平五　　……

开山裂石，翻江倒海，貌似处于优势的黑方顿时不知所措。红弃车杀马，成竹在胸。

20. ……　　车 8 平 6

黑方平车占肋，无奈之着。如改走了马 3 进 5 去车，红则车八进三，士 5 退 4[如象 5 退 3，车八平七，士 5 退 4（又如车 4 退 5，马二进三，马 5 退 6，后炮进四，重炮杀，红速胜），后炮进四，士 6 进 5，马二进四，将 5 平 6，前炮平四，马 5 退 6，马四进二双照杀]，前炮进四，象 5 退 3（如士 6 进 5，马二进四，将 5 平 6，前炮平四马后炮杀），前炮平六，象 7 进 5，马二进三，将 5 进 1，车八退一，红胜。

21. 车五平六　车 4 退 2　　**22.** 车八平六　卒 7 进 1

23. 车六进二　象 5 进 7　　**24.** 马二进三　车 6 退 4

25. 后炮进四　马 3 进 5

黑此时进马已是扫雪填井。

26. 后炮进四　象 7 退 5　　**27.** 后炮进二

至此，红双炮齐鸣，黑无解。

第 80 局　炮双马行云流水

图 2－22 为一则网上对弈双方走完 12 个回合后的中局形势。观枰面，黑炮正打红车。此时轮红行棋，那么红方如何应对呢？

13. 马六进四　　……

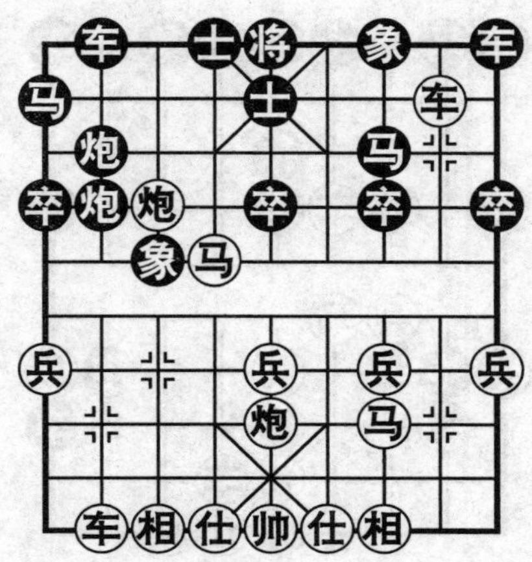

图 2-22

弃车奔槽！胆大心细，遇事不慌。

13. …… 后炮进 7 **14.** 马四进三 将 5 平 6
15. 炮五平四 车 9 进 1 **16.** 车二平一 马 7 退 9
17. 兵三进一 后炮退 2 **18.** 炮七进二 ……

做好炮、双马类排局攻杀的战前准备。

18. …… 马 1 进 2 **19.** 后马进四 士 5 进 6
20. 马四进五 士 6 退 5 **21.** 马五退四 士 5 进 6
22. 马四进六 士 6 退 5 **23.** 马六进四 士 5 进 6
24. 马四进六 士 6 退 5 **25.** 马三退四 士 5 进 6
26. 马四退六 士 6 退 5 **27.** 后马退四 士 5 进 6
28. 马四进三 士 6 退 5 **29.** 马三进二

至此，红胜。该局红炮、双马弈来如行云流水，煞是好看。

第 81 局 车占中送佛归殿

图 2-23 为在第 20 届"紫林棋友杯"象棋大奖赛上一则红、黑双方战完第 12 回合后的形势。观枰面，就子力而言，黑方多一炮和一枚 9 路过河卒，但双车晚出，犯了兵家大忌。现轮红方走子，且看红方如何抓住机遇，一举破城。

13. 车六进三 ……

惊世骇俗的一招！红在少子的情况下，果断弃车砍士，非有雄才大略不敢做此大胆之举。

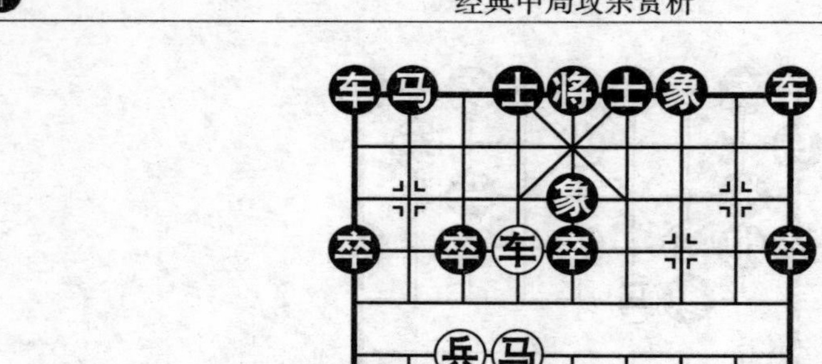

图 2-23

13. …… 将 5 平 4 **14.** 车四进八 将 4 进 1

15. 车四平五 ……

平车占中，这是弃车后的持续发展。

15. …… 炮 8 退 2 **16.** 兵七进一 炮 2 退 4

17. 炮八平六 炮 8 平 4

如炮 2 平 4，马六进七，炮 4 平 3，兵七平六，红胜。

18. 兵七平六

黑看到以下如续走炮 2 平 4，则兵六进一，炮 4 进 3，兵六进一"送佛归殿"，遂推枰认负。

第 82 局 车入卒口仍从容

图 2-24 为上海普陀长风社区棋队比赛中的一则实战中局。观枰面，双方大子对等，黑有马 7 进 8 的攻势。现轮红方行棋，请看红方如何应对。

1. 车四进七 ……

弃车砍炮！雄才大略，胆识过人。平常棋手绝无此壮举。

1. …… 车 9 平 6 **2.** 后马进七 将 5 进 1

3. 马七退六 将 5 退 1

如将 5 平 4，炮八平六，炮 5 平 4，马八退七，将 4 进 1，车九平八，车 1 进 2，马七进九，马 7 进 6，炮六退一，红胜定。

4. 马八退六 将 5 进 1 **5.** 前马进五 ……

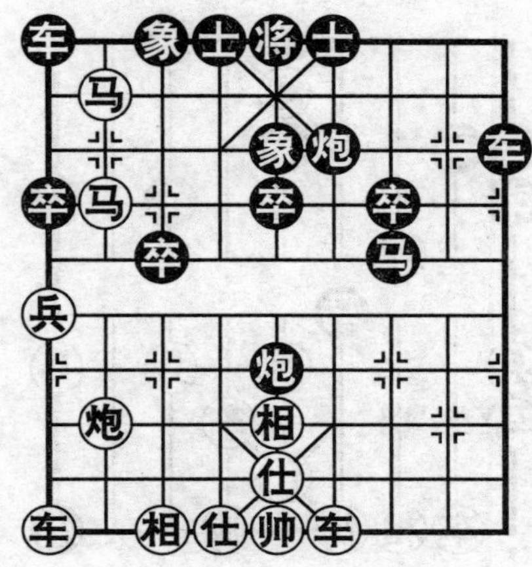

图 2－24

叶底藏花，妙极！除将后藏马外，此马没有其他好落脚点。如跳往别处，则自封己路。

5. …… 将 5 平 6 **6.** 马五退四 将 6 进 1

7. 车九进三 车 1 平 2 **8.** 车九平五 车 2 进 7

9. 车五进二 ……

车进卒头！卒不能吃车，苦不堪言。

9. …… 象 5 退 7 **10.** 车五平四 将 6 平 5

11. 车四进四 车 2 退 2 **12.** 车四平三 士 4 进 5

13. 车三退三 车 2 平 4 **14.** 马六进七 车 4 退 4

15. 马七退八 马 7 进 8 **16.** 车三平五

至此，红胜。黑如续走将 5 平 6，红则车五平四，将 6 平 5，帅五平四，马 8 退 7，车四退一，马 7 退 6，车四进一，黑无解。

第 83 局 车啃马小兵逞强

图 2－25 为一则红、黑双方走完 25 个回合后的中局形势。现轮红方行棋。观枰面，红方车、兵呈进攻态势，但黑方 2 路马阻挡红六路兵前进。红方审时度势，毅然走出：

26. 车八进七 ……

进车啃马，为六路兵前进打造平台。

26. …… 车 1 平 2 **27.** 兵六进一

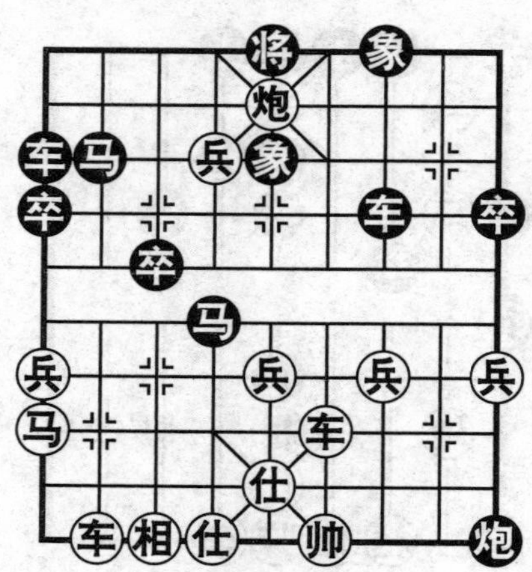

图 2-25

进兵是弃车后的持续发展,仅此一招,黑已无法防守。至此,红胜。

第 84 局　妙弃车毁敌防线

在第 6 届"嘉周杯"全国象棋特级大师冠军赛上,出现一则弃车攻杀的妙局。如图 2-26 是双方走完 34 个回合后的形势。观枰面,红方少一马,且红车正在被捉,在这种较困难的情况下,岂料红方走出:

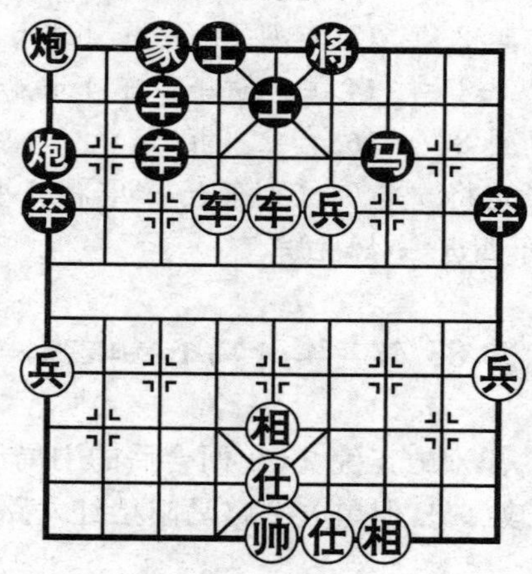

图 2-26

35. 车五进二　　……

弃车砍士,惊世骇俗。红方弃车后尚不成杀,只是撕裂黑方防线,为以后的进攻打开通道，算度深远。

35. …… 后车平5 **36.** 车六进三 将6进1

37. 车六平三 车5退1

黑方被迫献车。如改走象3进5，兵四进一，将6进1，车三退二，将6退1，车三进一，将6退1，车三平五，黑藩篱尽毁，红胜定。

38. 车三平五 马7进8 **39.** 车五平六 将6平5

40. 帅五平六 象3进5 **41.** 车六退一 将5退1

42. 兵四进一 马8退6 **43.** 车六平八 象5进3

44. 兵四进一

红胜。

第85局 车砍炮山岳震撼

图2-27为一则网络对弈双方战至第23个回合时形成的中局形势。现轮黑方走子。观枰面，双方子力对等，但红方处于进攻态势。

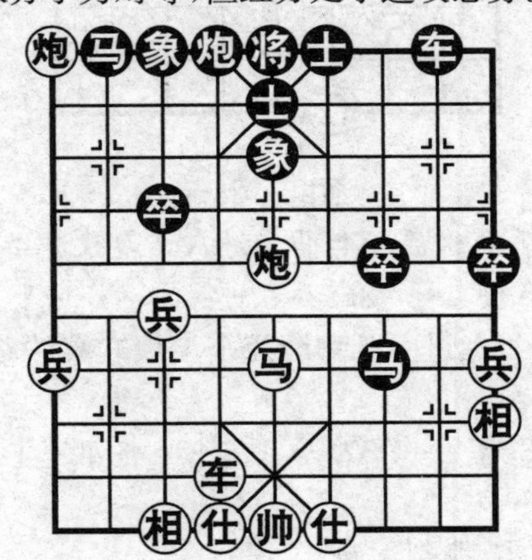

图2-27

23. …… 马2进3

黑方企图兑炮减轻压力。

24. 车六进八 ……

弃车砍炮！电闪雷鸣，震撼山岳。此招一出，黑如坠云里雾中。

24. …… 马3退4 **25.** 马五进六 马7退5

26. 仕六进五 车8进2 **27.** 马六进八

至此，红胜。

第86局　进兵断敌增援路

图2－28为第13届“五羊杯”上出现的一则双方战完32个回合后的中局形势，现轮红方走子。观枰面，红方有多一过河兵的微弱优势。以下请看红方如何扩大优势，最后取胜。

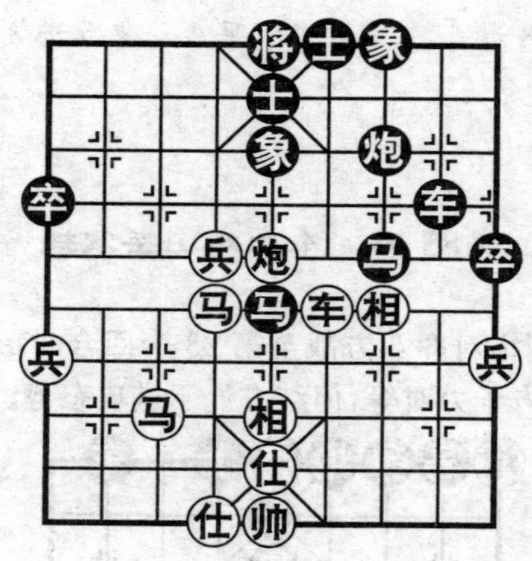

图2－28

33. 马七进五　炮7平9　**34.** 马六进八　炮9进4

35. 帅五平四　将5平4　**36.** 兵六进一　……

目前黑右翼空虚。红此进兵既切断黑车增援右翼的路线，又为以下进攻起到重要作用。

36. ……　车8退2　**37.** 马八进七　将4进1

38. 车四进五　……

弃车砍士！平地惊雷，撕裂大地。

38. ……　车8进8　**39.** 帅四进一　马5进7

40. 马五退三

黑最后两招只是铅刀割喉，无济于事。至此，红胜。

第87局　镇中炮斜谷出兵

图2－29为全国女子象棋个人赛上出现的一则中局形势。观枰面，双方各

有顾忌。现轮红方走子，请看红方如何利用先行之利取得胜利。

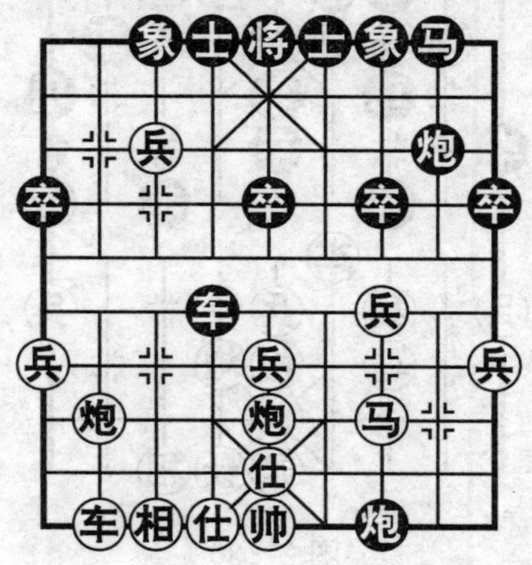

图 2－29

1. 炮五进四　　……

红方抢攻，势在必行。

1.　……　　炮 7 平 9　　**2.** 帅五平四　车 4 平 2

3. 炮五退二　车 2 退 1　　**4.** 兵七平六　将 5 进 1

5. 马三进四　炮 8 进 3

如车 2 平 6，炮八平四，车 6 进 1，车八进八，将 5 退 1，兵六进一，黑亦难应。

6. 炮八平五

精妙弃车，斜谷出兵！以下车 2 进 5，马四进五，炮 8 平 5，炮五进二，象 7 进 5，马五进三，红胜。

第 88 局　隔断巫山车不前

如图 2－30 所示形势，双方子力大致对等。现黑炮正捉红车，红如逃车则丢马。在这种严峻的形势下，岂料红方走出：

1. 车六进四　　……

弃车砍炮，精妙绝伦，非有雄才大略不敢做此大胆之举。

1.　……　　将 5 平 4　**2.** 炮四进五　　……

此招在红方计划之内。由于黑方马与象均无出路，只能眼睁睁看着黑马束手就擒。

2.　……　　车 3 平 1　　**3.** 炮四平七　士 4 进 5

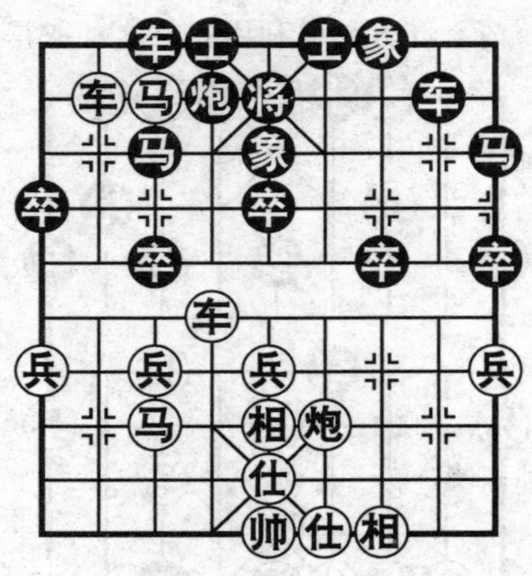

图 2-30

4. 炮七退一　　……

不打边马而退炮，深谋远虑。

4. ……　　车 8 进 4　　**5.** 兵七进一　　……

隔断巫山，有效地阻止黑左车增援右翼。

5. ……　　车 1 进 2　　**6.** 前马退八　将 4 退 1

7. 炮七平六

至此，黑方无解。如续走将 4 平 5，马八进七，将 5 平 4，车八进一，黑丢车，红胜定。

第三节　弃马攻杀成霸业

采取弃马手段，突破对方防线，调动子力，展开猛烈攻杀，完成霸业，是实战中常用的弃子攻杀战术。

第 89 局　先弃马胜后弃炮

图 2-31 为“威凯房地产杯”象棋赛上的一个镜头，双方由仙人指路对卒底炮演绎而成。观枰面，现黑车正捉红马，红如逃马则会陷于被动，因而此时红方选择了弃马抢攻的策略，毅然走出：

1. 马三进四　　……

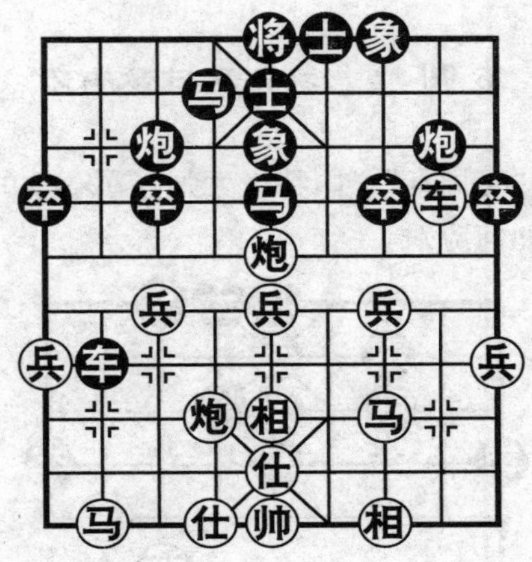

图 2-31

与其被动挨打，不如主动出击，施展围魏救赵之术。

1. ……　　车 2 进 3　　**2.** 马四进三　炮 8 平 7

3. 车二进二　　……

此时，红方不为马三退四捉死黑马的假象所迷惑，因红方看到，如走马三退四，黑方可走卒 3 进 1，然后再退 2 路车助战，红方便宜不大。

3. ……　　炮 3 平 1　　**4.** 车二平四　车 2 退 7

5. 车四退五　车 2 平 4　　**6.** 车四进三　马 5 退 3

红车纵横驰骋，逼黑方各子节节败退。目前红方先前弃马已换来现在的主动。

7. 帅五平四　炮 1 退 2　　**8.** 车四进一　车 4 进 1

黑方不堪红方的肆意蹂躏，也毅然弃炮，奋起反抗。但此时弃炮，局面已江河日下。

9. 车四平三　车 4 平 6　　**10.** 帅四平五　炮 1 进 6

11. 车三进二　炮 1 进 3　　**12.** 相五退七　炮 1 退 4

13. 兵七进一　卒 3 进 1　　**14.** 马三进一　马 4 进 3

无奈之举。如改走马 4 退 2，车三退二，卒 3 进 1，炮五平二，黑亦难应。

15. 马一进三　车 6 退 2　　**16.** 炮六进六　炮 1 平 7

17. 炮六平四　炮 7 退 5　　**18.** 炮四退一

至此，黑失子失先。红胜。

第90局　双弃马破敌有方

图 2-32 为第 6 届“嘉周杯”全国特级大师冠军赛上的一个中局镜头。现黑炮正捉红马，且看红方如何应对。

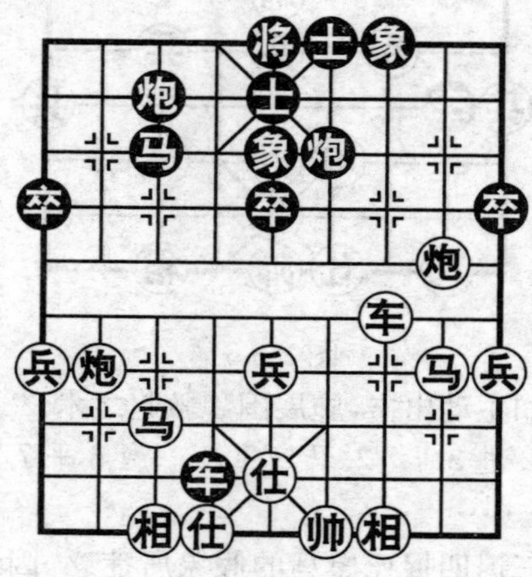

图 2-32

23. 炮八进四　……

毅然弃马，进炮计划拆毁对方藩篱，支援右翼大举进攻。

23. ……　车 4 退 4　**24.** 马二进三　……

再度弃马！黑方始料未及。

24. ……　炮 6 平 7　**25.** 炮八平五　……

红此时平炮是之前第 23 着进炮埋下的伏笔。

25. ……　象 7 进 5　**26.** 炮二进四　象 5 退 7

27. 马三退一　……

以退为进，算度深远。

27. ……　车 4 退 2　**28.** 马一进二　炮三进六

29. 马二进一　车 4 平 6　**30.** 帅四平五　炮 7 进 7

31. 车三进五　车 6 平 8　**32.** 炮二平一　炮 3 退 4

33. 车三退九　车 8 退 2　**34.** 车三进九　车 8 平 7

35. 马一进三　士 5 退 4　**36.** 马三退四　将 5 进 1

37. 炮一退二　马 3 退 1　**38.** 马四退三

至此，黑方丢卒，将位不稳，对于高手弈棋来说胜负已分。以下战至第 55 个回合，红胜。

第 91 局　飞马入阵气势雄

图 2－33 为 2008 年河南象棋公开赛上一则红、黑双方走至第 32 回合时的中局形势。观枰面，红兵正捉黑方边马。现轮黑方行棋，请看黑方如何应对。

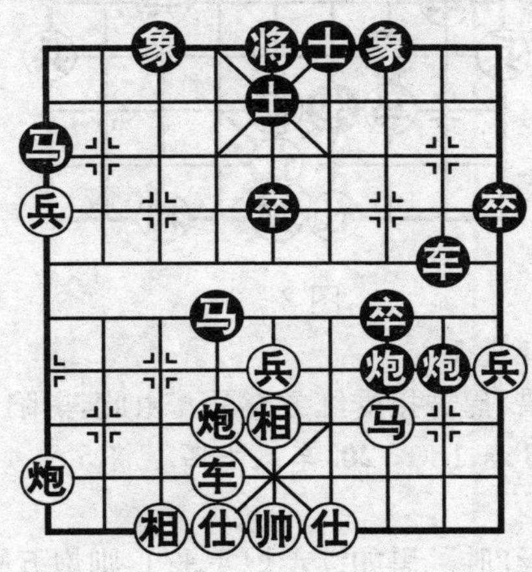

图 2－33

32.　……　　马 4 进 5

弃马杀相！有胆有识。如恋子走马 1 进 3，红则兵九平八，借势对攻。黑现挥马入阵，有三子归边之势。

33. 兵九进一　炮 8 进 3　　**34.** 马三退二　炮 7 进 3
35. 仕四进五　车 8 进 5　　**36.** 帅五平四　卒 7 平 6
37. 帅四进一　车 8 退 1　　**38.** 帅四进一　炮 7 退 1
39. 帅四退一　炮 7 退 6

以下黑有多种杀法，至此，黑胜。

第 92 局　弃马镇炮摧藩篱

图 2－34 为全国象棋团体赛上出现的一则双方走完 17 个回合后的中局形势。现轮红方行棋。此时黑车正捉红马，红方该如何处置？

18. 车二平三　　……

毅然弃马！因红马被困，即使逃马，也无前途，现弃马抢攻，深谋远虑。

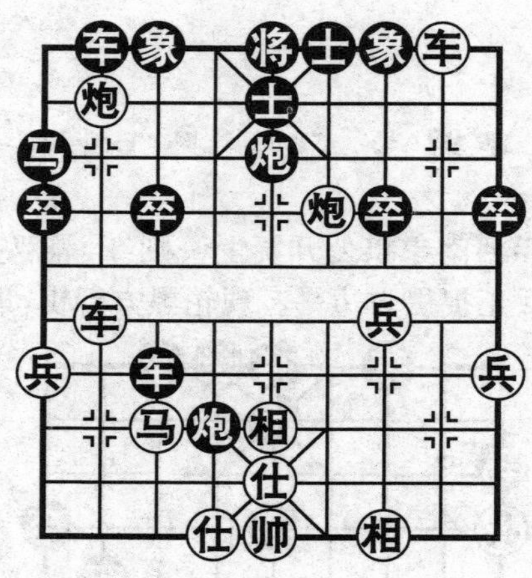

图 2-34

18. ……　　车 3 进 1

食之无味、弃之可惜，黑方接受红方弃马。由此，黑陷于被动局面。

19. 炮四平五　车 3 退 1　　**20.** 车八平四　将 5 平 4

21. 炮五进二

至此，黑藩篱被毁，红胜。黑如续走炮 4 平 1，则炮五平七，车 2 进 1，炮七退五，黑仍难招架。

第 93 局　车双炮克敌制胜

图 2-35 为在“嘉周杯”象棋特级大师冠军赛上一则红、黑双方走完 25 个回合后的中局形势。现轮红方走子。观枰面，黑方多一过河 7 路卒，且 8 路车正捉红马。以下请看红方如何行棋。

26. 车七平五　　……

置二路马在车口于不顾，弃马吃卒，制定车、双炮克敌战略方针。

26. ……　　卒 3 进 1　　**27.** 兵七进一　车 8 进 5

28. 炮八进二　炮 4 进 6　　**29.** 车五进一　炮 4 平 3

30. 兵七进一　车 8 退 6　　**31.** 相五进七

车、双炮联合进攻，又上了一个新的台阶。至此，红胜。黑如续走将 5 平 6，红则车五进一，黑仍无法防守。

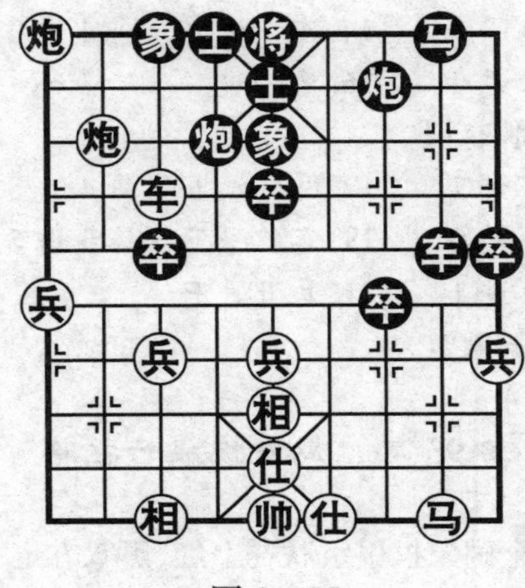

图 2-35

第 94 局　再弃马有胆有识

图 2-36 为 2008 年第 4 届“大地房产杯”上出现的一则中局形势。双方走完 8 个回合后，现轮红方走子：

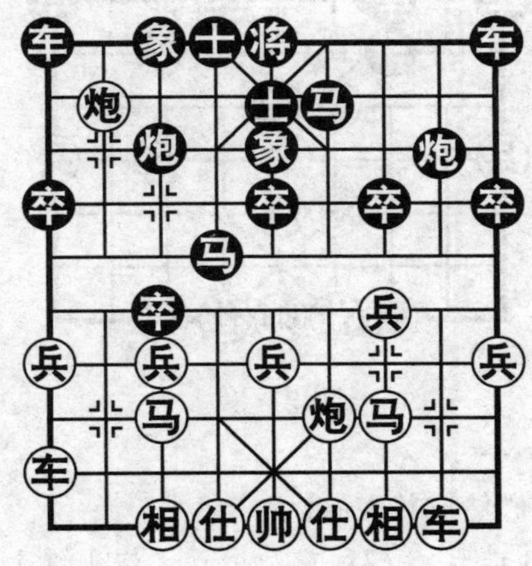

图 2-36

9. 兵七进一　……

不打马，反弃马，胸中自有雄兵百万。

9. ……　炮 3 进 5　**10.** 炮八平四　炮 8 平 7

11. 后炮进三　卒 7 进 1　**12.** 车九平二　士 5 退 6

13. 前车进八　车9平8　**14.** 车二进九　士4进5
15. 前炮平一　卒7进1　**16.** 炮一进一　……

再次弃马攻杀！有胆有识。

16. ……　卒7进1　**17.** 马三退五　马4进5
18. 炮四进三　士5进6　**19.** 车二平三　马5退3
20. 车三退二　将5进1　**21.** 马五进七

至此，红方净多两子，胜定。

第95局　马被捉成竹在胸

图2-37为一则在全国象棋甲级联赛上红、黑双方走完19个回合后的中局形势。观枰面，黑中卒已过河，而红方双马被捉。现轮红方行棋，请看红方如何应对。

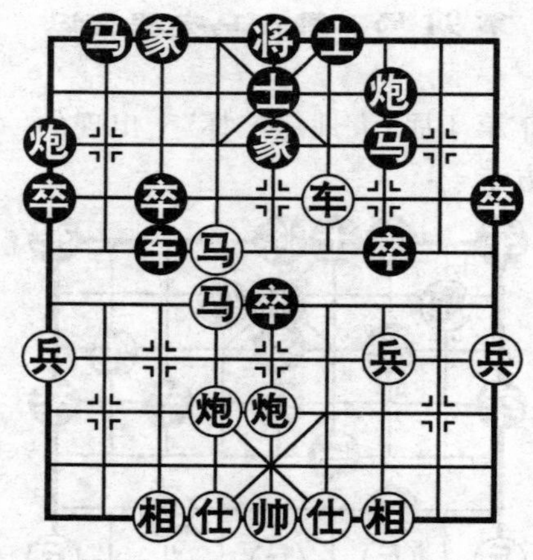

图2-37

20. 炮五进五　……

马被捉，现又弃炮，俨然成竹在胸。

20. ……　象3进5　**21.** 前马进五　炮1退1
22. 马六进七　马2进3　**23.** 马五进三　炮1平7
24. 马七进五　士5进6　**25.** 车四进一　炮7平5
26. 车四平三　马3进4　**27.** 炮六平二　将5平4
28. 车三退二

以上红方着法行云流水，攻势如潮。现黑马已不能逃脱。至此，红胜。

第96局 弃槽马炮兵逞雄

图2－38为一则在2008年全国象棋甲级联赛上红、黑双方走完51个回合后的中局形势。观枰面，双方子力对等，现轮红方走子，请看红方如何以先行之利入局。

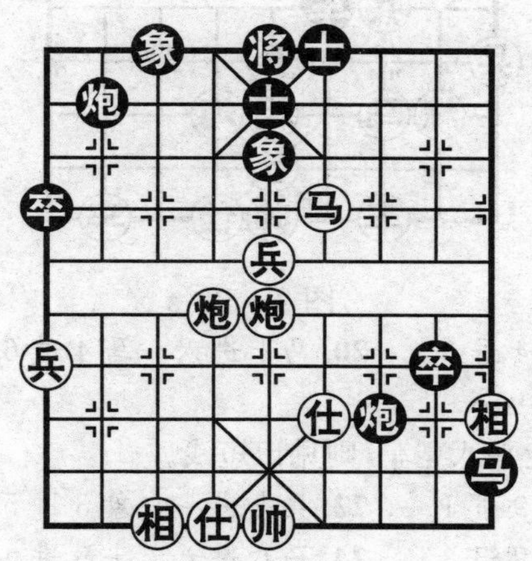

图2－38

52. 兵五进一　炮7退5

退炮无奈，因红有兵五进一强行突破的手段。

53. 炮六进四　象5退7　　**54.** 马四进三　将5平4

55. 炮六退三　　……

弃马攻杀！算度精确。

55. ……　　炮2平7　　**56.** 兵五平六　士5进4

57. 兵六进一

黑认负。因黑如续走将4平5，红则兵六进一，绝杀。

第97局 五进兵直捣黄龙

图2－39为“七斗星杯”全国象棋甲级联赛上出现的一个镜头。双方走完18个回合后，现观枰面，黑炮正打红车。请看以下红方如何应对。

19. 兵七进一　　……

大胆弃车，非有雄才大略不敢做此大胆之举。

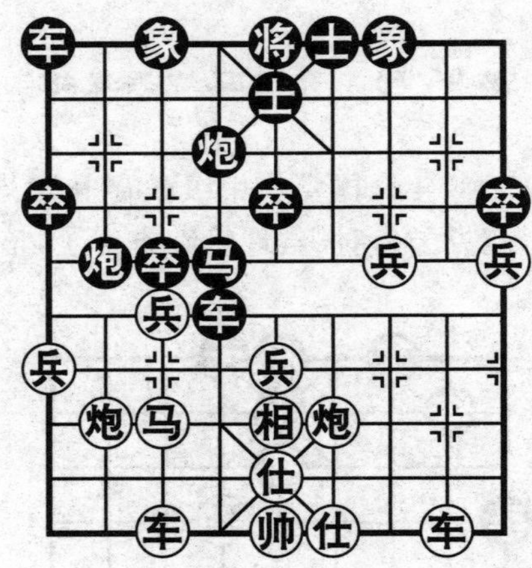

图 2-39

19. …… 炮4进3 **20.** 马七进六 马4进6

21. 马六进八 ……

老马识途！如兵七平八亮车，则见识短浅。

21. …… 卒9进1 **22.** 兵七进一 象3进5

23. 兵七进一 车8退3 **24.** 马八进六 士5进4

25. 兵七平六 车1平4 **26.** 兵六进一

至此，红五步进兵奠定胜局。以下黑看到如车4进1（车4平2，马六进八，打死车），车七进九，车4退1，马六进七，将5进1，车七平六，伏炮八进六，故推枰认负。

第98局 双马换取双车错

图2-40为“嘉周杯”象棋特级大师冠军赛上出现的一个镜头。双方走完23个回合后，现轮红方走子。观枰面，黑车正捉红马。

24. 帅五平六 ……

弃马攻杀，战机稍纵即逝。

24. …… 车2平3 **25.** 马五进六 ……

上一着黑吃马伏抽红边炮凶招，此时，红置边炮于不顾竟然再弃一马！真乃艺高人胆大。

25. …… 士5进4 **26.** 车六进四 车3进2

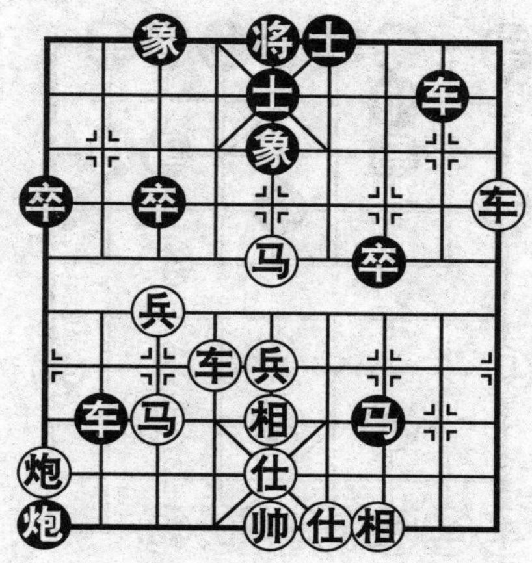

图 2-40

27. 帅六进一　炮 1 平 6　**28.** 车六进二　将 5 进 1

29. 车六退一　将 5 退 1　**30.** 车六平二　炮 6 退 1

31. 仕五进四　车 3 退 1　**32.** 帅六退一　车 3 平 1

33. 车二平六

以下黑阻止不了红"双车错"杀，红胜。

第 99 局　退马窝心胁双车

图 2-41 为一则在北京举行的表演赛上双方走至第 9 回合时的中局形势。现轮黑方走子：

9. ……　象 3 进 5

弃马攻杀！布下陷阱。

10. 车三进二　……

铤而走险，着法不太明智。

10. ……　马 3 退 5　**11.** 炮五进四　炮 3 进 8

黑回马胁双车，红只得炮镇当头，决一死战。

12. 帅五进一　炮 3 平 1　**13.** 炮七进二　车 1 平 3

14. 炮七平五　车 3 进 8　**15.** 帅五退一　车 3 退 3

16. 兵三进一　炮 8 进 7　**17.** 马三退二　车 3 平 2

18. 马二进三　车 2 进 4　**19.** 马三进四　炮 1 平 4

以下红无法应对"双车错"。至此，黑胜。

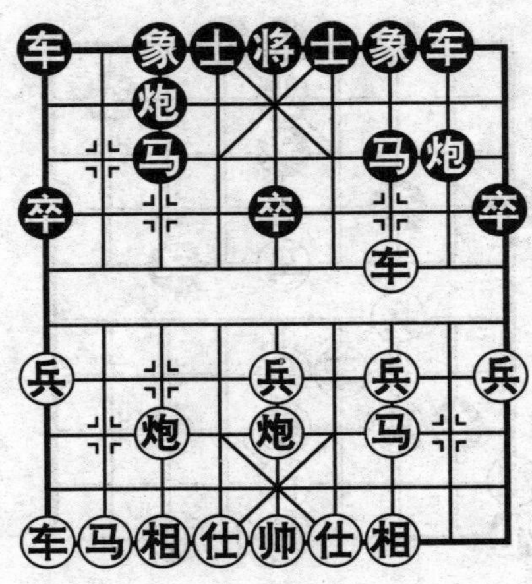

图 2－41

第 100 局　车马冷着敌胆寒

图 2－42 为 2008 年全国象棋甲级联赛上一则红、黑双方走完 18 个回合后的中局形势。观枰面，红方多兵，已呈胜势。现轮红方行棋，请欣赏红方如何入局。

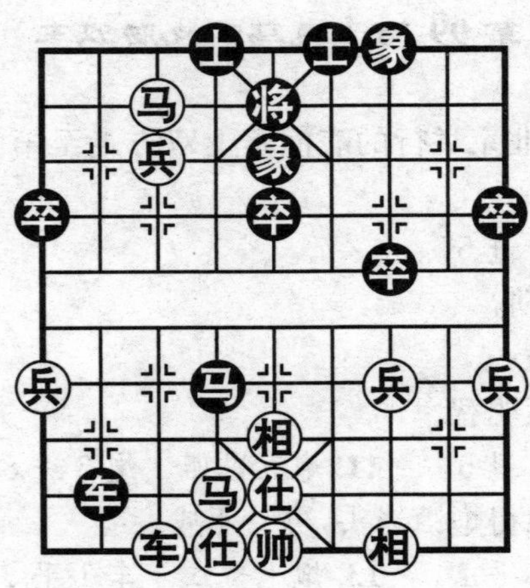

图 2－42

19. 车七进四　　……

弃马抢攻，抓速度，促胜局。如逃马走马六进五，则黑马 4 进 3 卧槽封车，反而麻烦。

19. ……　　车2平4　　**20.** 车七平二　将5平6

如将5平4,则兵七平六,将4进1,车二平六,杀。

21. 车二进四　将6进1　　**22.** 车二退二　将6退1

23. 兵七平六　马4进6

黑弃马无奈,如象5退3,车二平四,将6平5,帅五平四,红胜。

24. 仕五进四　车4退6　　**25.** 车二进二　将6进1

26. 马七进五　士4进5　　**27.** 车二退二　象5退3

28. 车二平四　将6平5　　**29.** 车四平三　马7退9

30. 车三平五　将5平6　　**31.** 车五平四　将6平5

32. 马五退七　车4退1　　**33.** 车四平五　将5平6

34. 马七退六

至此,伏车五平二抽杀,黑只能以车啃马,红胜。

第101局　马献身前赴后继

图2－43为全国象棋个人赛上一则红、黑双方走完33个回合后的形势。观枰面,红方多双兵已呈胜势。以下请欣赏红方的精妙入局。

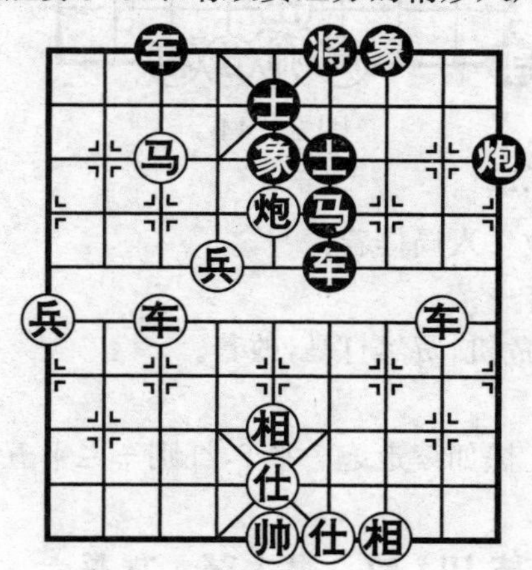

图2－43

34. 马七进五　……

弃马踏士！入局妙手。

34. ……　　士6退5　　**35.** 车七平四　车6进1

36. 车二平四　车3进3　　**37.** 车四进二　将6平5

38. 兵六平五

红弃马踏士后，现不仅得回失子，且造成黑方缺士。现红有双兵为后备力量。黑看到已无法阻挡双兵前进，遂投子认负。

第102局　智弃马一着制胜

图2-44为首届世界智力运动会双方战完28个回合后的中局形势。观枰面，黑炮正捉红马，请看红方如何应对。

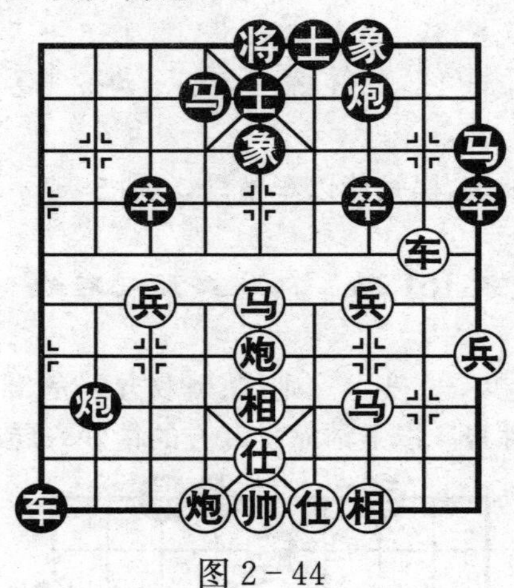

图2-44

29. 马五进四　　……

以攻为守，弃马抢攻！入局佳着！

29.　……　　炮2平7

黑方未察觉潜在的危机，贸然打马，败着。

30. 车二进二

至此，红一着制胜。黑如续走炮7平6，红则车二平五，胜定。

第103局　退士解杀促反杀

图2-45为潇河湾擂台赛上出现的一个镜头。观枰面，红正要进兵造杀。现轮黑方走子，那么黑方应如何应对呢？

25.　……　　士4退5

弃马解杀！延缓红方攻势，同时为己方退车造杀争取时间。

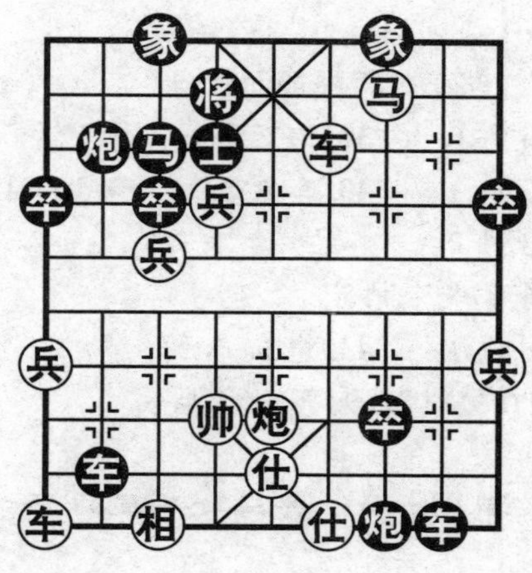

图 2-45

26. 车四平七 车 8 退 3

至此，红无法防守，黑胜。

第 104 局 小兵渡河欺马炮

图 2-46 为“朱家角杯”全国象棋精英赛上一则红、黑双方走完 36 个回合后的中局形势。观枰面，红方除多一未过河七路兵外，其他子力与黑方完全对等。眼下黑马正捉红车。现轮红方走子，请看红方如何行棋。

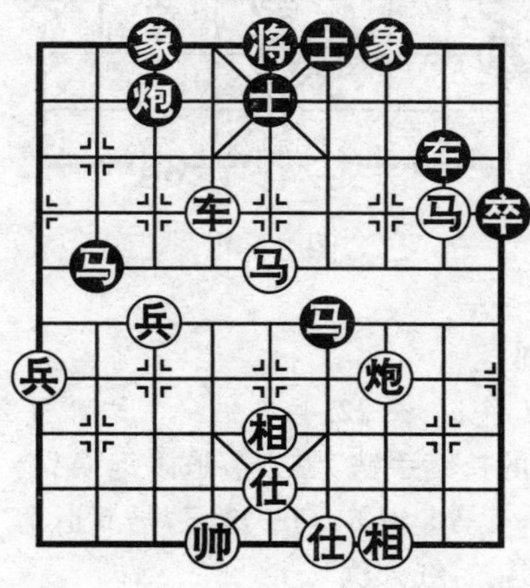

图 2-46

37. 马二进四　　……

弃马,引离中士,为六路车驰骋疆场而献身。

37.　……　　士5进6　　**38.** 炮三平五　马6退5

39. 车六进三　将5进1　　**40.** 车六退一　将5退1

41. 炮五进三　炮3进2

如炮3进1,红则马五进三,胜定。

42. 兵七进一　车8进1　　**43.** 炮五平三

至此,黑方马、炮均在兵口,必失其一,红胜。

第105局　弃马进兵显身手

图2-47为全国象棋个人赛上一则双方走完20个回合后的中局形势。观枰面,双方似乎两难进取。现轮红方走子,岂料红方走出:

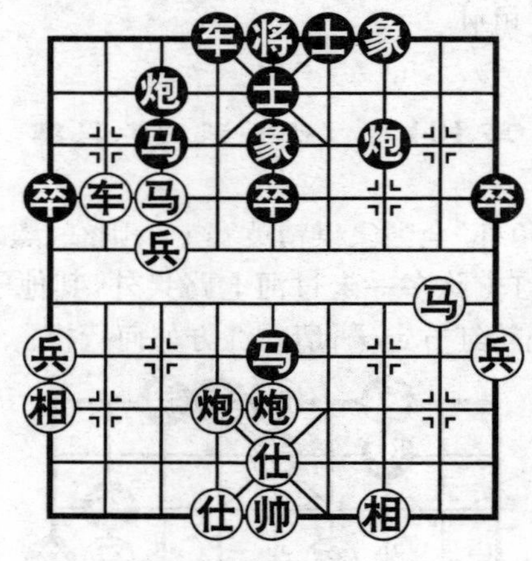

图2-47

21. 马七进五　　……

弃马攻杀,胆大心细。

21.　……　　象7进5　　**22.** 兵七进一　炮3进2

红方进兵是弃马后的持续手法,黑方被迫以炮换兵。如改走马3退1,车八退三,车4进5,马二进一,马5退6,马一进三,马6退7,车八进五,炮3退1,车八平九,马7进6,车九退二,红大优。

23. 车八平七　　……

弃马后得回失子,并掠去黑方一象,局面豁然开朗。

23. ……　　车4进4　　**24.** 车七退三　马5退6
25. 马二进四　车4平6　　**26.** 炮五进五　士5退4
27. 车七进三　车6平7　　**28.** 炮六平七　车7进5
29. 仕五退四　马3退2　　**30.** 车七平五　马2进3
31. 车五平七

至此，黑方认负。

第四节　舍炮强攻势如虹

炮从远处袭来，多以轰象(相)、炸士(仕)为突破口，大有"为有牺牲多壮志"的战斗精神。弃炮战术攻杀起来灵活机动、气势如虹，常令对手猝不及防，从而捷足先登。

第106局　不贪炮捷足先登

图2-48为2008年河南全国象棋公开赛上出现的一则中局形势。双方战至第13回合。现轮黑方走子：

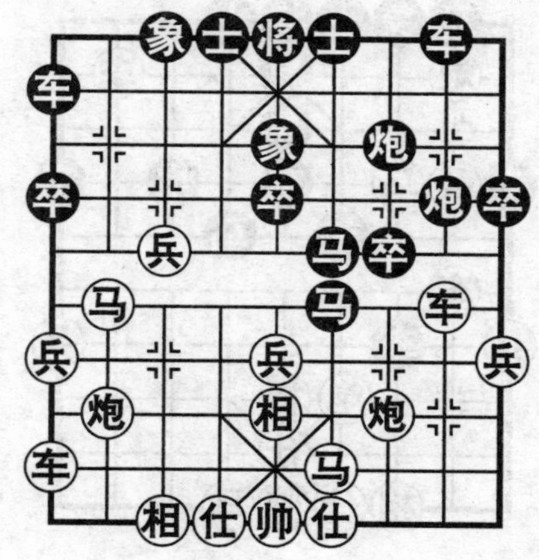

图2-48

13. ……　　卒7进1　　**14.** 车二进一　卒7进1

黑方制订出"兑子攻杀"计划，两步进卒坚决邀兑。

15. 车二平四　炮7进5　　**16.** 车四退一　炮7进2

目前红方右翼露空，黑抓住战机，及时调整部署，改兑子攻杀为“弃子攻杀”。此着弃炮叫将，铿锵有力。如改走炮7平2，车四平二，则俗不可耐，相当于弃去一炮。

17. 仕四进五　炮8进5　**18.** 车四退二　车1平8

19. 车九平六　炮8平7　**20.** 马八进七　前炮平9

21. 车四进七　……

在没有良策的情况下，弃车砍士，背水一战。

21. ……　后车平6　**22.** 炮八进七　……

红方进炮要杀，对黑方是严峻的考验。

22. ……　车8进8　**23.** 仕五退四　车8平6

黑抢先发难，下伏炮7进1杀着，黑此着以车砍士妙不可言，至此，黑胜。

第107局　掀波浪弃炮轰士

图2-49为全国象棋甲级联赛上出现的一个镜头。双方走完19个回合后，现轮红方走子。观枰面，黑方可炮打红方七路马，赚取红过河兵。此时红视而不见，毅然走出：

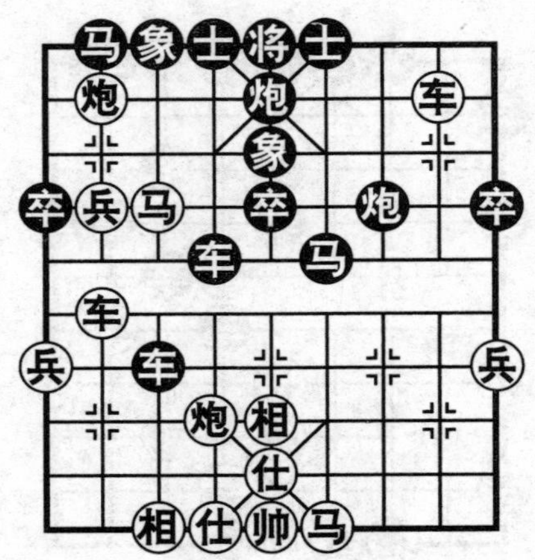

图2-49

20. 车二平四　炮7平3　**21.** 兵八平七　车3退3

22. 炮六进七　……

突然弃炮轰士！巨石击破水中天，无边的波浪让人惊骇。

22. ……　将5平4

如车 4 退 4,则红可车四退三,再车八平四,黑难应。

23. 车四进一　炮 5 退 1　　**24.** 炮八平九　马 6 退 7

25. 车四退二　马 7 退 8　　**26.** 炮九进一　车 3 退 2

27. 车四平五　马 8 进 6　　**28.** 车八进五

至此,红胜。

第 108 局　三进马势如破竹

图 2－50 为全国锦标赛上出现的一则短局。双方走完 20 个回合后,现轮红方走子。观枰面,红方占优。请看红方如何入局。

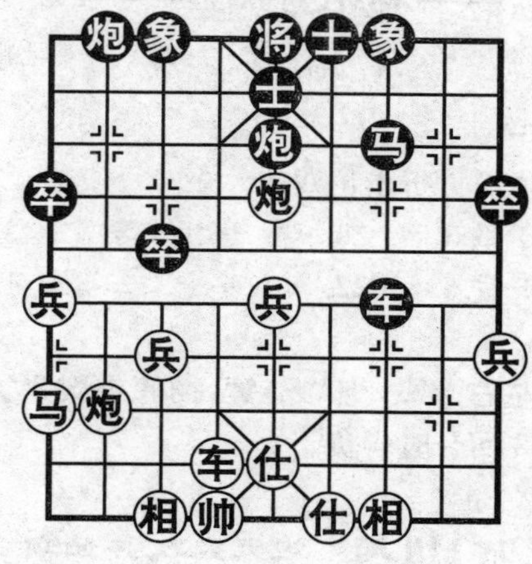

图 2－50

21. 马九进八　　……

进马弃炮！着法强硬。

21.　……　　炮 2 平 1

因红有“铁门栓”杀势,黑只能逃炮。

22. 马八进七　炮 1 平 2　　**23.** 马七进九

红三步进马,犹入无人之境。至此,红胜。

第 109 局　毁工事炮炸藩篱

图 2－51 为全国象棋个人赛上的一个镜头。双方战完 18 个回合后,现轮红方行棋。

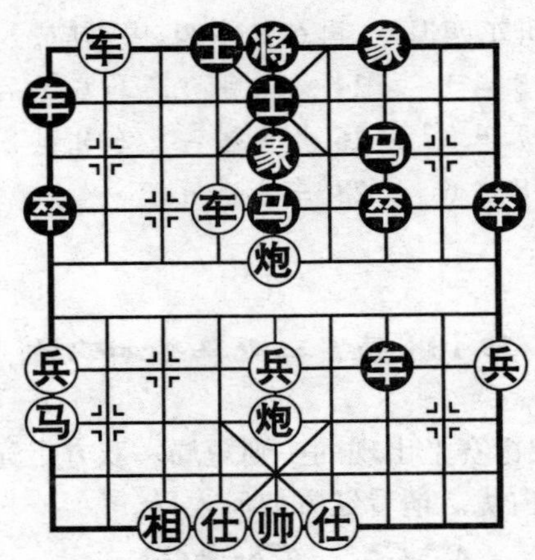

图 2－51

19. 前炮平六　　……

准备弃炮轰士，造成黑方折士怕双车。

19.　……　　车 1 平 3　　**20.** 炮六进四　象 5 退 3

21. 炮六平三　马 5 进 6　　**22.** 车八平七　车 3 退 1

23. 炮三平七

至此，红炮于底线左右翻飞，炮炸藩篱，彻底摧毁黑方工事，胜势已不可动摇。以下黑苦撑至第 33 回合时告负。

第 110 局　炮轰象攻势如潮

图 2－52 为全国象棋团体赛上的一则中局的镜头。观枰面，双方似乎两难进取。现轮红方行棋，请看红方是否能找到进攻点。

1. 前炮进三　象 9 退 7

2. 前炮平五　　……

弃炮轰象，撕开黑方防线。

2.　……　　象 7 进 5　　**3.** 炮二进九　象 5 退 7

4. 车三进一　　……

红方自弃炮后，已换取强大攻势。

4.　……　　将 5 平 4　　**5.** 车三退六　将 4 进 1

6. 车三平四　马 2 进 3　　**7.** 炮二退二　车 4 进 5

8. 炮二平七　车 2 平 3　　**9.** 车九平七

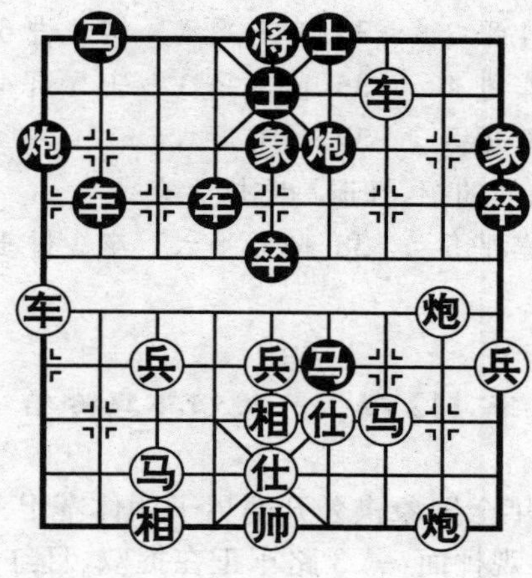

图 2－52

至此，红胜。

第 111 局 弃炮轰士算度远

图 2－53 为 2008 年全国象棋公开赛男子团体赛上的一个镜头。双方战至第 29 回合时，现轮黑方走子：

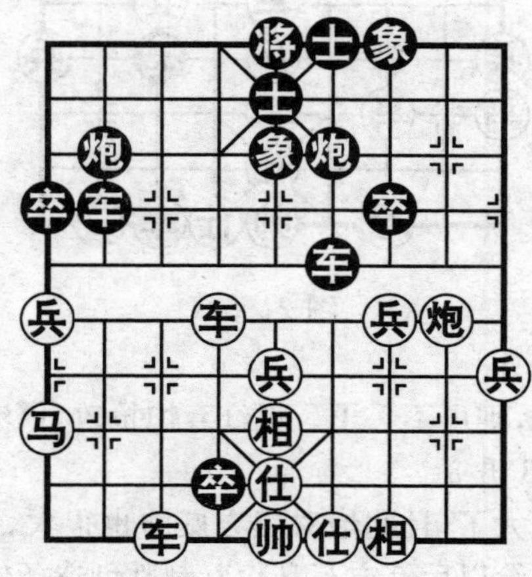

图 2－53

29. …… 炮 6 进 7

弃炮轰士！算度深远，是步入佳局的创举。

30. 仕五退四 车 2 平 6 **31.** 炮二退四 前车进 4

32. 马九进七　卒 4 平 3　**33.** 车七平八　炮 2 进 6
34. 车八平六　后车进 4　**35.** 前车平八　士 5 退 4
36. 车六进四　士 6 进 5　**37.** 马七退八　……

面对黑方出将造杀的凶招，红退马吃炮无奈。

37. ……　后车平 5　**38.** 帅五平六　卒 3 进 1

至此，黑胜。

第 112 局　弃炮演车马冷着

图 2－54 为 2008 年全国象棋公开赛男子团体赛上一则红、黑双方走完 26 个回合后的中局形势。观枰面，黑 3 路车正在捉双，且红右车被陷。此时，红应如何应对呢？

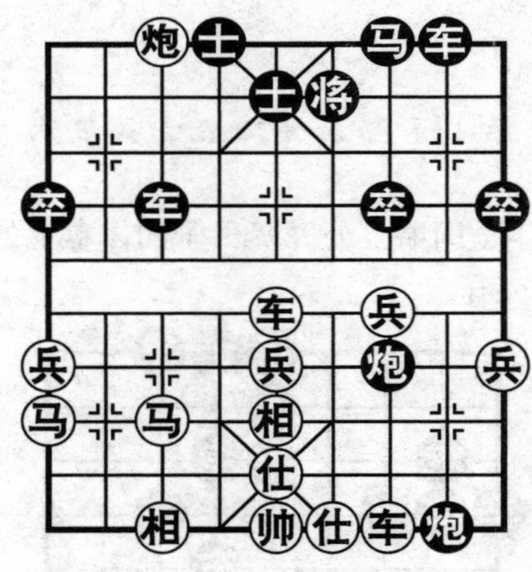

图 2－54

27. 马七进六　……

如红车五平七兑车，则可不丢子。现红弃炮抢攻，俨然成竹在胸。

27. ……　车 3 退 3

红底炮的诱惑力太大了，且此炮对黑方威胁也很大。退车吃炮看似顺理成章，但有擅离职守之嫌，给以后红方车马冷着制胜创造条件。

28. 马六进五　将 6 进 1　**29.** 车五平四　将 6 平 5
30. 马五退六　将 5 平 4　**31.** 车四进一　炮 7 进 1
32. 车四平六　将 4 平 5　**33.** 车六进一　车 3 进 4
34. 车六平五　将 5 平 4　**35.** 马六进七　车 3 退 1

36. 车五平七　炮7平9　**37.** 马九进七　炮9进2
38. 车七平六　将4平5　**39.** 车六平五　将5平4
40. 车五平六　将4平5　**41.** 马七进六　炮9平7
42. 相五退三　马7进8　**43.** 车六平四　将5平4
44. 马六进八　将4退1　**45.** 车四平七

绝杀，无解。

第113局　进兵巧设伏击圈

在图2-55形势下，黑车正捉红七路炮，且有炮2进1打红中炮的手段。在此局面下，红方走出：

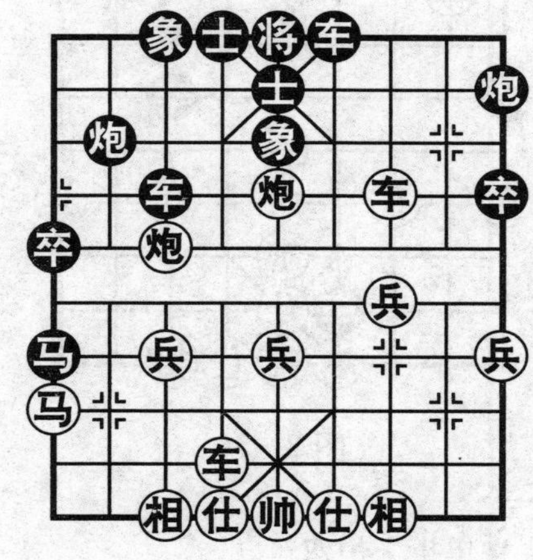

图2-55

1. 炮七进四　……

索性弃炮轰象，毁敌防线，以此确定可持续发展战略。

1. ……　车3退3　**2.** 车六进六　……

这是弃炮后的持续发展。

2. ……　炮2进2　**3.** 兵五进一　车3进3
4. 车六平五　炮9进5　**5.** 兵五进一　……

不宜车五平七抽车，否则车3平5，车三平五，炮9平5，车五平一，车6进5，黑有攻势。现黑炮击兵企图串打红方车、炮。此时红进兵实乃将计就计。

5. ……　炮9平5

黑未察觉红已布下埋伏圈，诱黑入瓮，黑仍按既定方针办，实乃中计。

6. 车五进一

至此，红胜。黑如续走将 5 进 1，炮五退三，将 5 平 4，车三平七，红多子胜定。

第 114 局　炮轰士双车逞强

图 2－56 为全国象棋个人赛上一则红、黑双方走完 45 个回合时的局面。观枰面，红方优势明显。现轮红方走子，请欣赏红方的临门一脚。

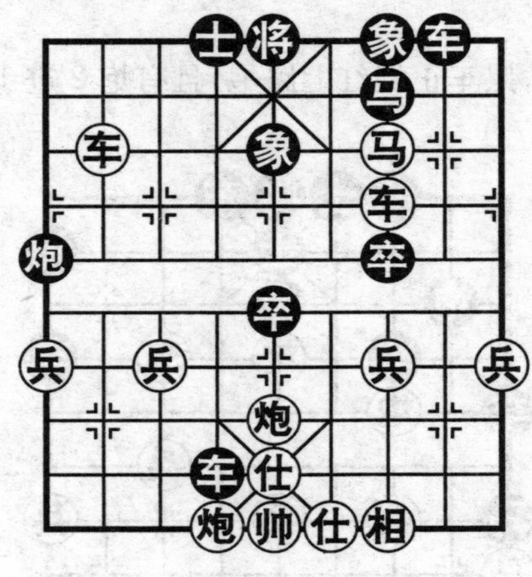

图 2－56

46. 炮六进九　　……

弃炮杀士，速战速决！黑折士怕双车。

46.　……　　车 4 退 8　　**47.** 车八进一　车 4 进 6

48. 车三平九

以下黑无法防守。至此，红胜。

第 115 局　频频闪击定乾坤

图 2－57 为 2008 年全国象棋甲级联赛上一则红、黑双方走完 18 个回合后的中局形势。观枰面，黑车正捉红马。请看红方如何应对。

19. 炮三进七　　……

不逃马，反弃炮，神出鬼没。

19.　……　　象 5 退 7　　**20.** 车二进五　炮 6 退 2

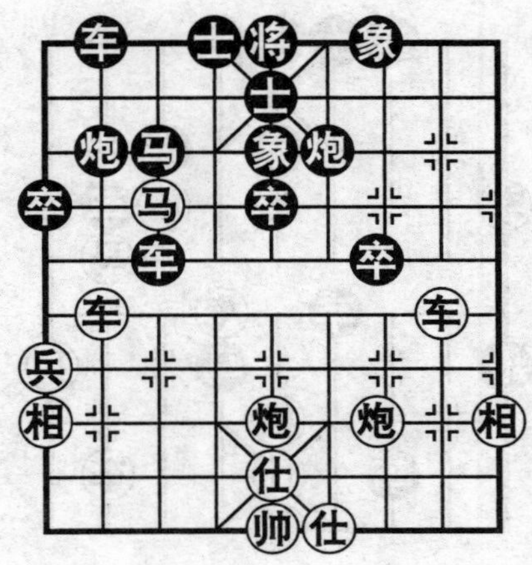

图 2－57

21. 车二平三　车 3 进 2

因红有车八平四的杀着，故现红马虽在车口，黑不但不能吃，反而要挪动防炮，真乃苦不堪言。

22. 兵九进一　车 3 平 5　**23.** 炮五平二　车 5 平 8

24. 炮二平五　车 8 平 3　**25.** 相一退三　车 3 平 5

26. 车三退四　炮 6 进 2　**27.** 车三进四　炮 6 退 2

28. 相九退七　车 5 平 6　**29.** 相七进九　车 6 平 5

30. 仕五退六　车 5 平 6　**31.** 仕四进五　车 6 平 5

32. 炮五平八　车 5 平 3

两次弃炮！精妙！黑如炮 2 进 5，则马七进五，士 5 进 4（士 5 进 6，马五进七，黑丢车），马五进四，将 5 进 1，车三退一，将 5 退 1，马四退三，红胜。

33. 车八平四　车 2 平 3　**34.** 炮八平五　前车平 5

35. 炮五平四　士 5 进 6　**36.** 车四平八

闪击得炮！红胜。

第 116 局　恶炮车口任游弋

图 2－58 为全国象棋个人赛上一则红、黑双方走至第 29 个回合时的中局形势。观枰面，红方有马二进四的闪击手段。现轮黑方走子，请看黑方如何应对。

29. ……　炮 1 进 3

弃炮攻杀！精辟。

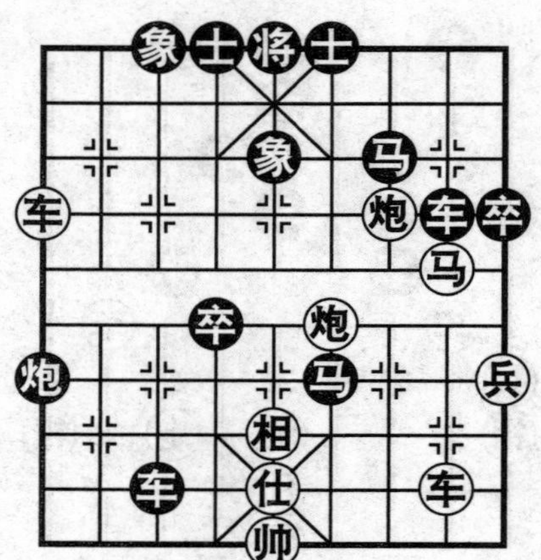

图 2-58

30. 帅五平六　　……

红如车九退六接受弃炮，黑则车 8 平 7，以下红方难应。黑炮在车口任意游弋。

30. ……　　车 3 进 1　　**31.** 帅六进一　车 3 退 3
32. 帅六退一　车 3 进 3　　**33.** 帅六进一　炮 1 退 5

两次弃炮叫杀，伏炮 1 平 4，仕五进六，卒 4 平 5，仕六退五，马 6 进 4，帅六进一，卒 5 平 4 的连杀手段。

34. 炮四平五　马 7 进 5　　**35.** 车九退一　　……

红忍气吞声，终于含恨接受弃炮。

35. ……　　车 8 平 7　　**36.** 车九退二　卒 4 平 5
37. 车九平四　马 5 进 3　　**38.** 马二进四　卒 5 进 1
39. 车四进二　车 7 平 6

弃车咬马！最后一击。此时红只能望车兴叹而告负。如续走车四进一，黑则马 3 进 5 叼车作杀。

第三章　兑子攻杀

兑子攻杀，即通过子力交换的手段，突破对方的防御，推进子力，展开攻杀，最终达到入局成杀的目的。兑子攻杀在实战中有着广泛的运用，尤其在中局阶段应用更多。兑子攻杀与兑子争先、兑子取势一样，运用时有兑马、兑炮、兑车等攻杀手段，以及不同兵种的兑子攻杀等多种表现形式。

本章采撷16局通过兑子攻杀制胜的棋例，涵盖车马炮兵等各个兵种多种攻杀形式。其中，各种子力的运用，以及掌握兑子攻杀的时机和方法等，是攻杀技巧的核心，敬请读者欣赏与借鉴。

第117局　以炮换马夺先机

图3-1是在第5届"威凯房地产杯"上出现的一则中局形势。观枰面，黑7路车正捉红炮，且看红方如何应对。

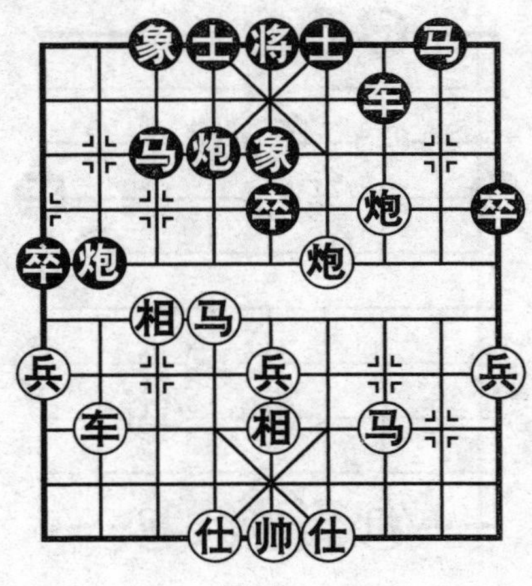

图3-1

1. 马六进五　　……

显然，红方制订兑子攻杀的战略部署，弃炮攻马，且能赚取中卒。

1. ……　　车7进2　　**2.** 马五进七　炮2平3

3. 马七进九　　……

红马屯边瞄象，深谋远虑。

3. …… 炮 4 平 1

没有好着。如改走士 6 进 5，红则车八进四，再兑，黑方难以忍受。

4. 炮四平五 士 6 进 5 **5.** 马九进七 ……

暗布陷阱，引诱黑方捉双！

5. …… 车 7 平 5 **6.** 兵五进一 象 5 退 3

7. 马三进四 车 5 退 1 **8.** 马四进三 车 5 进 1

9. 车八进四 马 8 进 7 **10.** 车八平五 马 7 进 5

11. 马三退四 炮 1 平 5 **12.** 马四进五 炮 5 进 2

13. 马五退七 炮 5 退 2 **14.** 马七进八

至此，红多兵，胜定。

第 118 局 马易马"兵"临城下

图 3－2 为一则在全国象棋甲级联赛上红、黑双方走完 25 个回合后的中局形势。此时枰面上除红方多一过河兵外，双方其他子力完全对等，红方占有微弱优势。那么，红方如何利用先行之利扩大优势呢？

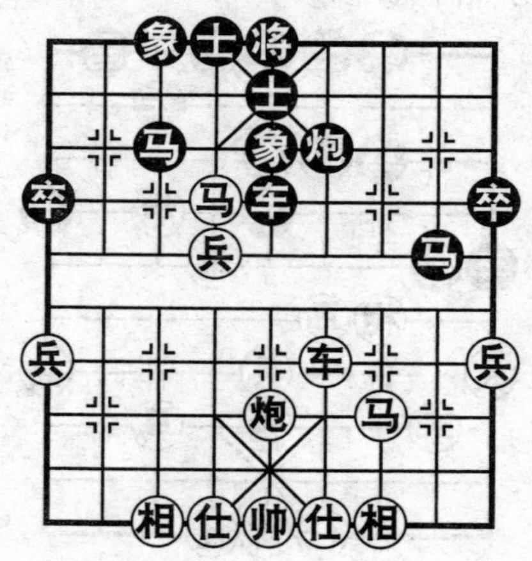

图 3－2

26. 马三进五 马 8 进 6

如车 5 平 6，则车四进三，马 8 退 6，马六进四，士 5 进 6，马五进三，马 6 进 5，马三进四，红得子胜定。

27. 车四进一 ……

毅然兑子，简化局势，扩大多兵优势。

27. …… 车5进3 **28.** 车四平二 车5退3

29. 车二进五

黑看到以下如士5退6，则马六进七，将5进1，车二退一，炮6退1，兵六进一，车5进3，兵六进一，马3进4，兵六进一，将5平4，车二平四，红方得子胜定，遂投子认负。

第119局 先弃后取妙解围

图3-3为"嘉周杯"象棋特级大师冠军赛上一则双方弈至33个回合时的中局形势。观枰面，红方正捉黑马，黑如逃马则会再丢一象。现轮黑方走子，那么黑方如何应对呢？

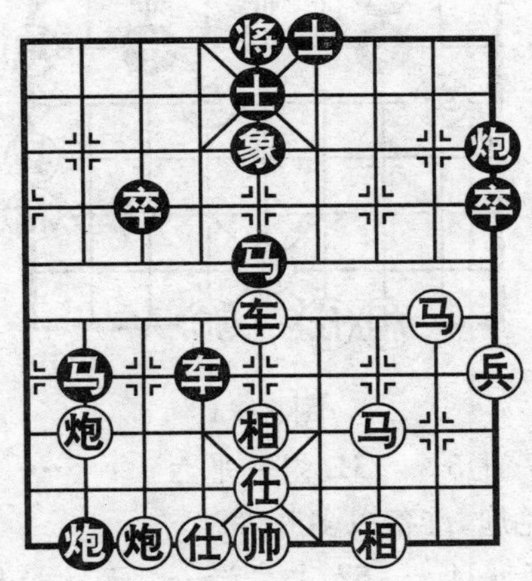

图3-3

33. …… 车4进3 **34.** 仕五退六 马2进4

35. 帅五进一 马4退5

这几步黑方先弃后取，实则起到兑车的作用。兑去红车后，红方攻势土崩瓦解。

36. 马二进四 象5进7 **37.** 炮八进三 前马进3

38. 炮八退二 炮9平6 **39.** 炮七进二 炮2平1

40. 炮八平九 将5平4

以上一段，黑对红方实施了全面封锁。

41. 马三进二 卒9进1 **42.** 马二进三 炮6进1

43. 马三退一　马3退2　　**44.** 炮九平五　马5进6

至此，黑胜。红如续走帅五平四，黑则马2进4捉双，胜定。

第120局　兑敌炮以多胜少

图3-4为一则在“船山杯”全国象棋等级赛上红、黑双方走完49个回合时的形势。观枰面，黑方缺一士；而红方仕相俱全，且多两枚过河兵，已呈胜势。以下请看红方如何取胜。

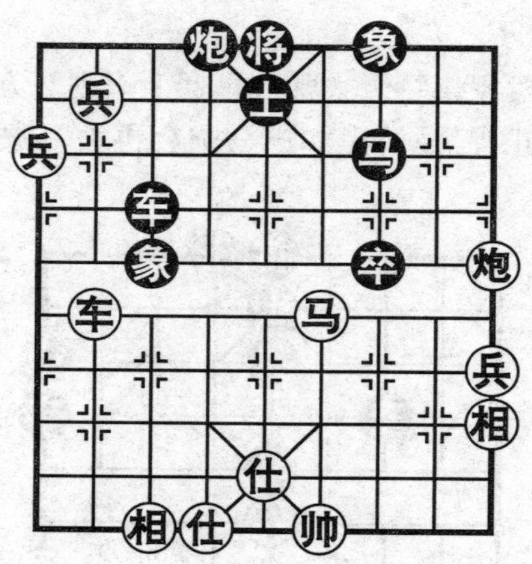

图3-4

50. 炮一进四　象7进5　　**51.** 炮一平六　……

由于黑方少子，现兑炮，准备以多胜少。

51. ……　士5退4　　**52.** 兵九进一　车3平9

53. 马四退三　车9平6　　**54.** 帅四平五　车6进3

55. 兵八平七　车6平7　　**56.** 兵七平六　车7平4

57. 兵六进一　车4退6　　**58.** 马三进四　车4进1

59. 车八进五　将5进1　　**60.** 车八退三　车4平1

61. 车八平三　车1进5　　**62.** 马四进二　将5退1

63. 车三进一

至此，红多子胜定。

第121局 卒换相双炮攻城

图3-5为"来群杯"象棋名人战上出现的一则中局形势。双方战至第17个回合时,轮到黑方走子。眼下红兵正捉黑马,请看黑方如何应对。

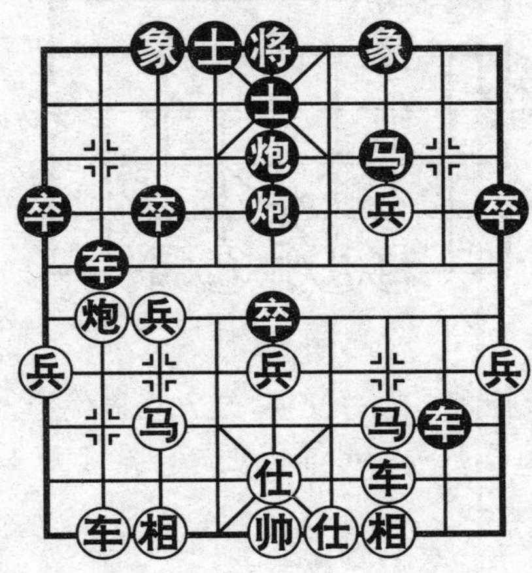

图3-5

17. …… 车2平7

黑如逃马,则将陷于被动局面。现反捉红马,计划大量兑子,保持中路攻势。

18. 兵三进一 车8平7 **19.** 车三进一 车7进3

兑去车、马后,黑方中路攻势猛烈。

20. 相七进五 卒5进1 **21.** 马七进六 卒5进1

以卒换相,撕裂红方防线。至此,红缺相,怕炮攻。

22. 相三进五 前炮平8 **23.** 帅五平六 炮5平4

24. 马六退四 车7平5 **25.** 马四进二 炮8平5

至此,黑胜。

第122局 兵易象打扫战场

图3-6为一则在全国象棋甲级联赛上红、黑双方走完32个回合后的中局形势。观枰面,黑方虽多一过河中卒,但其他子力占位较差。请看红方如何利用先行之利入局。

33. 炮七平九 车1平4 **34.** 车八进一 象5进3

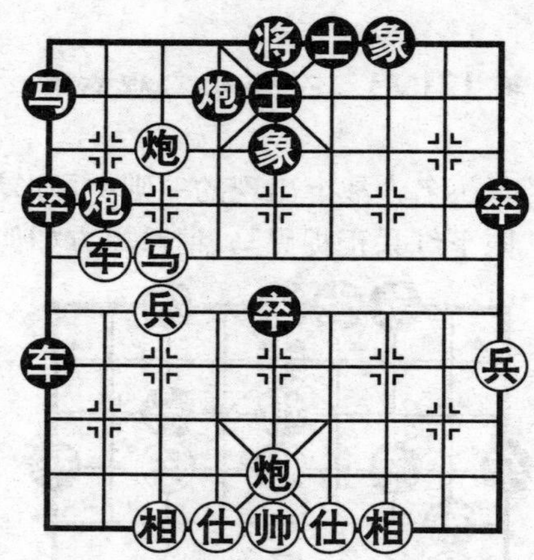

图 3－6

以马易炮，且可进兵掠象。通过交换，红方立显优势。

35. 兵七进一　车 4 退 4　**36.** 车八进二　车 4 平 1

37. 车八平六　……

再交换一炮，黑方子力位置越来越差。

37. ……　马 1 退 3　**38.** 车六平七　象 7 进 5

39. 兵七平六　将 5 平 4　**40.** 兵六进一　卒 5 进 1

41. 炮五平九　车 1 平 2

此招意图不给黑方兑车机会，继续限制黑马活动。

42. 炮九平二　士 5 进 6　**43.** 兵六平五

以下，红方可以兵易象得马。至此，红胜。

第 123 局　一车换双乱敌阵

图 3－7 为 2008 年全国象棋公开赛女子团体赛上的一个镜头。双方走完 21 个回合后，现轮红方走子：

22. 炮八退四　……

因黑有车 1 平 4 连杀的凶招，红退炮必然。

22. ……　车 1 平 4　**23.** 炮五平六　车 7 平 4

一车可兑去红方马、炮，且掠得一仕，顿使红方阵脚大乱。

24. 仕五进六　车 4 进 5　**25.** 炮八平六　车 4 平 3

26. 炮六平四　车 3 进 2　**27.** 帅六进一　车 3 退 3

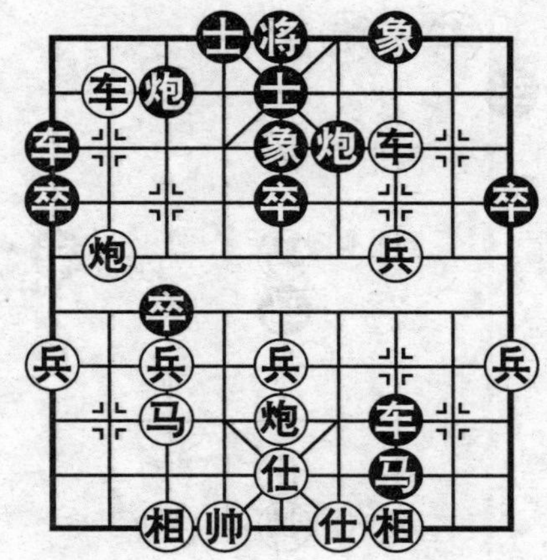

图 3－7

28. 炮四进一 车 3 平 4 **29.** 帅六平五 车 4 平 5

30. 炮四平五 马 7 退 6 **31.** 帅五退一 车 5 平 1

32. 帅五平六 车 1 平 4 **33.** 帅六平五 炮 3 进 1

34. 兵三平四 车 4 平 3 **35.** 帅五平六 炮 3 平 4

36. 车八退二 卒 3 平 4 **37.** 车八平六 卒 4 进 1

38. 炮五平四 车 3 进 3 **39.** 帅六进一 卒 4 进 1

40. 帅六平五 车 3 退 1

红方虽竭尽全力防守，但自第 23 着黑以一车兑去红马、炮后，红方阵形不稳。至此，黑胜。

第 124 局 兑马捉炮胁车卒

图 3－8 为榆次潇河湾擂台赛上的一个镜头。红、黑双方走完 37 个回合后，现轮红方走子。观枰面，双方大子虽对等，但黑藩篱被毁，红已呈胜势。以下请看红方如何入局。

38. 炮六退三 ……

计划兑子以简化局势。

38. …… 士 5 退 4 **39.** 炮六平五 炮 7 平 5

40. 炮五退二 炮 5 进 3

兑去马后，黑炮被陷，黑败局已定。

41. 车八退四 炮 5 退 1 **42.** 车八进一 炮 5 进 1

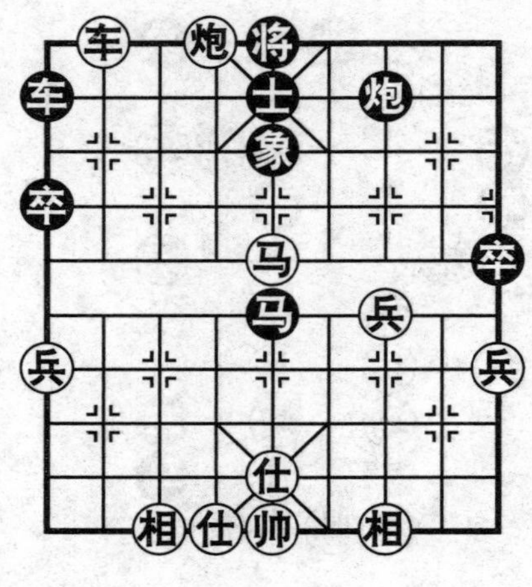

图 3 - 8

43. 车八平五

至此,黑炮被捉死。黑如逃炮,红可抽车。红胜。

第 125 局　五兑子简化局势

图 3 - 9 为一则网络对弈双方战完 34 个回合后的中局形势。观枰面,双方正呈兑炮之势。现轮红方行棋,是逃炮还是进车吃炮?红方经过审时度势,毅然走出:

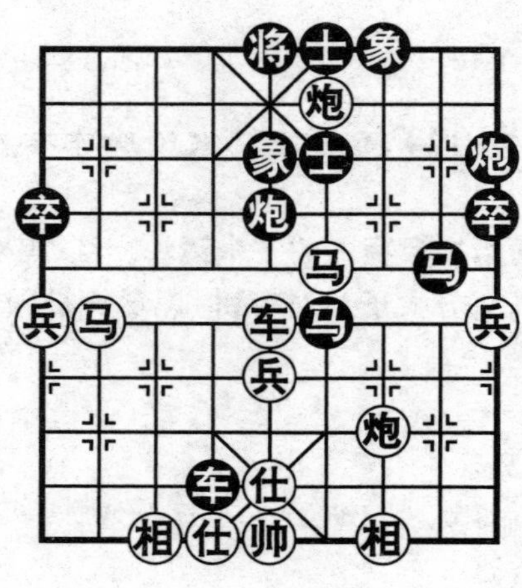

图 3 - 9

35. 车五进二　　……

此时黑方阵形凌乱，红进车吃炮有攻势。而黑方进马吃炮，眼下红方并无大碍。

35.　……　　马 6 进 7　　**36.** 马四进二　炮 9 平 8

37. 车五平八　车 4 退 8　　**38.** 马八进七　马 7 退 5

39. 炮四平二　　……

红方不急于吃士，先抢占制高点。

39.　……　　士 6 退 5　　**40.** 马七退五　象 5 退 3

41. 马五进四　　……

先弃后取，实则兑马掠士。这是红方第二次采取兑子战术。

41.　……　　士 5 进 6　　**42.** 车八平五　象 3 进 5

43. 马二进四　将 5 进 1　　**44.** 炮二退三　车 4 进 4

45. 车五平二　　……

再兑炮，黑方在红兑子战术的攻击下已难招架。

45.　……　　马 5 退 7　　**46.** 车二进一　将 5 平 4

47. 炮二退三！　……

再兑子。根据目前形势黑方必兑，否则如让红炮平士角助攻，则黑更难应。

47.　……　　马 7 进 8　　**48.** 车二退五　车 4 平 6

49. 车二平四　　……

再兑。黑不能兑车，否则只能坐以待毙。

49.　……　　车 6 平 8　　**50.** 车四进四

至此，红胜定。

第 126 局　频频兑子成胜局

图 3－10 为一则网络对弈的中局形势。观枰面，双方子力犬牙交错，局面相当复杂。现轮红方行棋。红方审时度势，凭借多子优势，制订出兑子攻杀战略部署，走出：

31. 车八进三　车 2 进 1

黑方不宜走炮 2 平 8 兑车，因红车八进三后有攻势。

32. 马七退六　　……

强行兑子！

32.　……　　车 2 平 4　　**33.** 车二平四　车 7 平 4

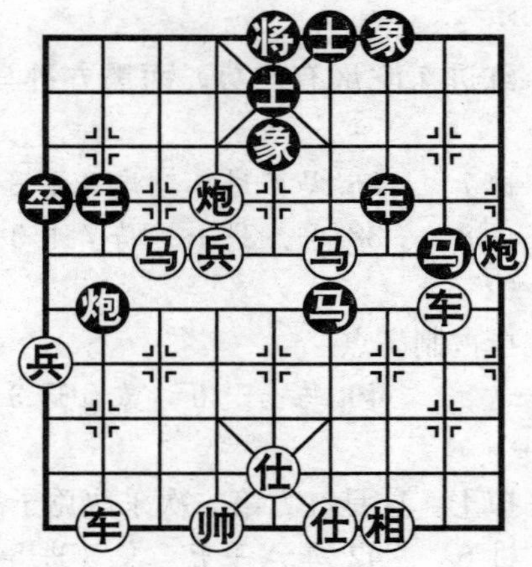

图 3－10

34. 车四平八　前车进 2　**35.** 后车平六　车 4 进 3

36. 帅六平五　象 5 退 3

至此，经过大量子力交换，红仍然保持多子优势。

37. 车八平三　车 4 平 1　**38.** 马四进二　马 8 退 6

39. 炮一平五　将 5 平 4　**40.** 车三平六　马 6 退 4

41. 车六进二　车 1 平 7　**42.** 炮五平六　将 4 平 5

43. 炮六进三　……

再兑去黑马，红方形成有杀对无杀。

43. ……　士 5 进 4　**44.** 马二进四　将 5 进 1

45. 车六进一

进车破士，形成例胜局面。

第 127 局　兑车掠士马扬威

图 3－11 为全国象棋甲级联赛上出现的一个中局形势。乍看枰面，似乎双方局势都很平稳。现黑马正捉红车，请看红方如何应对。

29. 车五平六　……

红车轻轻一动，形成黑方必兑之势，黑如避兑则丢炮。

29. ……　车 4 进 4　**30.** 马七进六　车 8 平 5

31. 车九进一　士 5 退 4　**32.** 车九平六　将 5 进 1

红方通过兑子攻杀，掠去对方一士，且令敌营大乱。

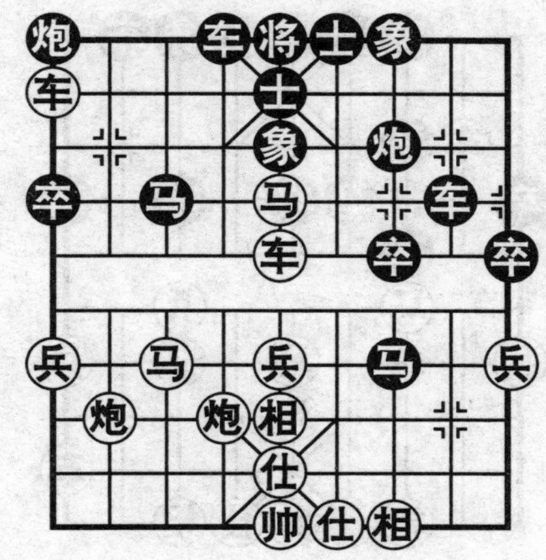

图 3-11

33. 炮八进五 马 3 进 2 **34.** 相五进七 象 5 进 3

红方不打黑 3 路炮得子，为的是集中兵力打歼灭战。

35. 马六进七 炮七平四 **36.** 车六退二

至此，红胜。

第 128 局 车易双马定乾坤

图 3-12 是一则在河北名人战上红黑双方弈成的中局形势。观枰面，黑 4 路马正在捉双，红若退八路车保马，则又觉寒碜。通过审时度势，红方毅然走出：

1. 车八平七 ……

红制定车易双马、开出横车助攻的战略。

1. …… 车 3 退 2 **2.** 马七进六 车 8 进 4

3. 车一平四 ……

由于黑进车威胁红六路马，因此红不宜走马五进四抽炮。

3. …… 士 4 进 5 **4.** 炮五进四 象 7 进 5

5. 马五进四 ……

此时进马恰到好处，拦车胁炮一着两用。

5. …… 炮 7 平 4 **6.** 车四进二 炮 4 退 2

7. 炮五平九 象 5 退 7 **8.** 炮九进三 象 3 进 5

9. 车四平八 将 5 平 4 **10.** 车八平六 车 3 进 2

11. 马六进八 车 3 平 2 **12.** 马八进七 将 4 进 1

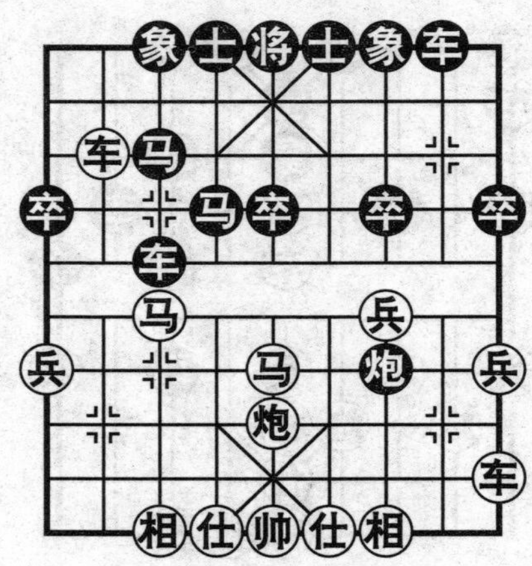

图 3-12

13. 马四进六　车 2 退 4　　**14.** 马七退八

至此，红胜。

第 129 局　逼兑车拨云见日

图 3-13 为两位少年棋手对弈形成的中局形势。观枰面，黑方下一着准备进车塞相眼胁马。针对此种局面，红方走出：

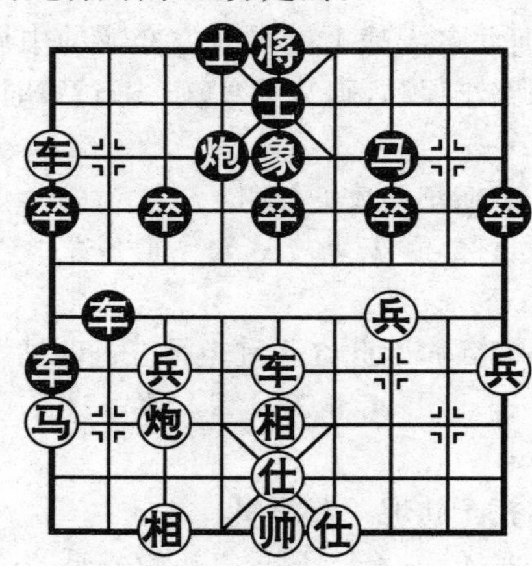

图 3-13

1. 兵七进一　　……

邀兑黑车，好棋！此招一出，拨云见日，红方局势顿时开扬。

1.　……　　车2平1　**2.** 车五平九　车1进1

3. 炮七进四　……

红炮打卒，既得实惠，又可护马前进助攻。

3.　……　　卒1进1　**4.** 马九进七　卒5进1

5. 兵七进一　……

红方这几步走得行云流水，进兵可助攻，又开拓了马路。对于少年棋手而言，真是难能可贵。

5.　……　　马7进5　**6.** 马七进六　马5进3

7. 马六进五　将5平6　**8.** 车九平六　车1平4

9. 炮七进三　将6进1　**10.** 马五退三

绝杀！红胜。

第130局　三兑子耗敌主力

图3－14为一则在全国象棋甲级联赛上红、黑双方走至第36回合时的中局形势。观枰面，红下一着可走车八平六要杀。此时，黑方走出：

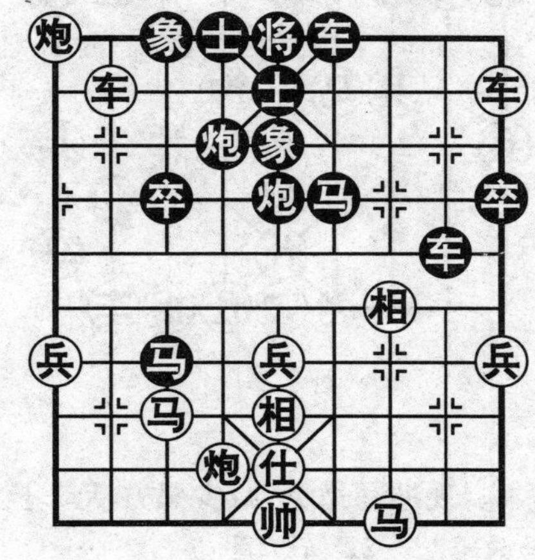

图3－14

36.　……　　车8平4

兑炮，未雨绸缪，防患于未然。

37. 炮六平七　炮4平3

再平炮兑子，严守4路线，削弱对方主力。

38. 炮七进二　炮 3 进 4　**39.** 车一平二　车 4 平 8

再兑！不给红方从“死亡线”进攻的机会。

40. 车二退三　马 6 进 8　**41.** 车八退五　炮 3 平 9

42. 兵五进一　炮 9 退 2　**43.** 马七进六　炮 5 平 8

44. 马六进七　炮 9 进 5　**45.** 马三进一　马 8 退 6

46. 马一进二　炮 8 平 3　**47.** 兵五进一　马 6 退 4

48. 兵五进一　马 4 进 3　**49.** 车八平五　象 5 退 7

至此，红方看到已失子失先，遂认负。

第 131 局　兑子得炮敌签盟

图 3－15 为“船山杯”全国象棋等级赛上出现的一则中局形势。双方走完 20 个回合后，现轮红方走子：

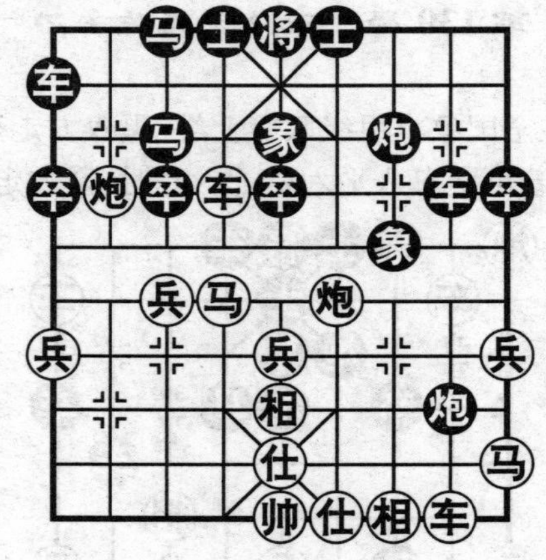

图 3－15

21. 马六进五　……

红车拴住黑无根车、炮，现冲马邀兑，减少黑方活动子力，明智之举。

21. ……　前马进 5　**22.** 车六平五　……

再邀兑，显然黑不能兑车，否则丢炮。现红车利用邀兑之机，抢占中路。

22. ……　车 8 退 1　**23.** 车五平二

再兑死车。以下黑方看到如车 8 进 1 接受兑子，则炮八平二，炮 8 平 7，炮四平五，士 6 进 5，炮二平三，黑必丢炮，遂投子认负。

第132局　频兑子眼花缭乱

图 3－16 为一则在全国象棋个人赛上红、黑双方走完 24 个回合后的中局形势。目前黑 7 路车正捉红炮。现轮红方行棋，请看红方如何应对：

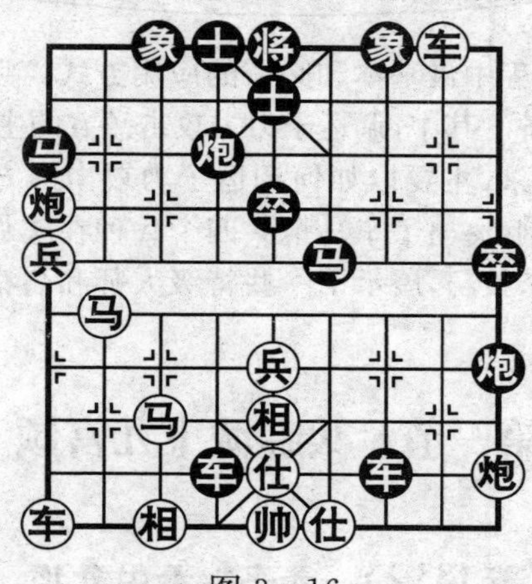

图 3－16

25. 车九进一　　……

兑车。与其说兑车，不如说是逐车。

25.　……　　车 4 退 5　　**26.** 仕五退六　　……

再兑车，巧解红炮之危。

26.　……　　车 7 退 2　　**27.** 炮一平七　　象 3 进 5

28. 仕六进五　　车 4 进 5　　**29.** 马八进七　　……

再兑马！计划攻击黑方薄弱的右翼。

29.　……　　马 6 进 5　　**30.** 后马进五　　炮 9 平 5

31. 炮七进二　　……

再兑车，以解黑方大刀剜心杀着。

31.　……　　车 4 平 1　　**32.** 炮九退五　　炮 5 退 1

33. 炮九进六　　车 7 平 3　　**34.** 炮九平五　　将 5 平 6

此着红打象兼兑炮，攻势猛烈，黑如接受兑炮，则立刻溃不成军。

35. 炮五退三　　车 3 退 3　　**36.** 车二平三　　将 6 进 1

37. 车三退四

此局红方主动大量兑子，枰面令人眼花缭乱。至此，形成红车炮兵仕相全对黑车炮卒双士的优胜局面。终局红胜。

第四章　运 子 攻 杀

运子是象棋对弈过程中最基本和必需的应用方式。兵贵神速，运子快是为造势、谋子和攻杀做准备。其中，调运子力去攻击敌方的主帅，称为运子攻杀。

本章介绍的运子攻杀，主要以如何调运子力攻击敌方弱点，直至擒王为主线。精选35则中局局例，突出了车马炮兵四个兵种在实战中招之即来、来之能战、战之能胜的运子攻杀技巧，展示了一些特级大师和名宿出神入化、精妙绝伦的运子攻杀技巧。

第一节　兵临城下九宫倾

第133局　弃车追杀出奇招

图4-1是上海胡荣华与黑龙江王嘉良以中炮高左炮对屏风马左马盘河弈至红方第13着后的棋局，双方布局正常。

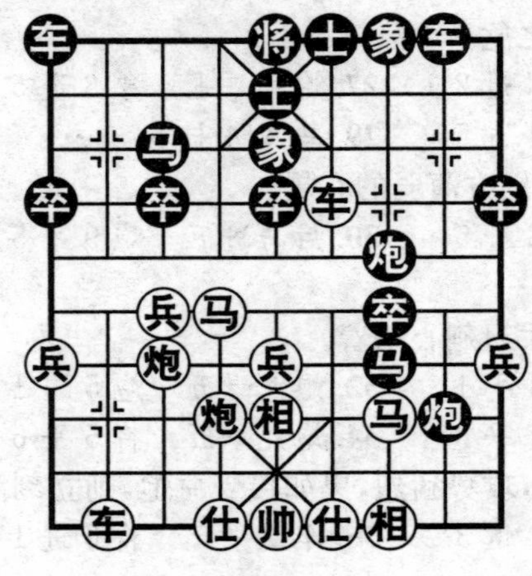

图4-1

13. ……　　马7进5

黑方弃马踏相，意在取得攻势，可谓艺高人胆大。

14. 相三进五　炮 8 平 9　**15.** 仕四进五　……

软着，应走车四退五，黑如炮 9 进 2，则帅五进一，红全力防守，局势尚无大碍。

15. ……　炮 9 进 2　**16.** 帅五平四　……

败着，应走车四退三，黑如车 8 进 9，则马三退四，严防死守。

16. ……　车 8 进 9　**17.** 帅四进一　车 8 退 1

18. 帅四退一　车 1 平 4

献车捉马，经典之作，不可多得的上乘佳构！黑方由此步入胜利的殿堂！

19. 马六退四　……

红如炮六进七打车，黑则炮 7 进 3 形成绝杀！

19. ……　炮 7 进 3　**20.** 炮六平三　卒 7 进 1

21. 炮七退一　车 8 进 1　**22.** 帅四进一　车 8 退 5

23. 车八进七　……

如改走帅四退一，则黑车 4 进 6，红亦难应付。

23. ……　车 8 进 4　**24.** 帅四退一　车 8 进 1

25. 帅四进一　炮 9 平 4　**26.** 马四进三　炮 4 平 6

精巧之着。

27. 车四平三　卒 7 进 1　**28.** 炮七平三　车 8 退 1

29. 帅四退一　车 8 平 5　**30.** 炮三退二　车 4 进 8

31. 车三平四　车 5 平 7　**32.** 帅四平五　车 4 平 5

33. 帅五平六　车 7 退 4

黑胜。红方第 16 着帅五平四的败着，成就了黑方弃车的妙招，令人回味无穷。

第 134 局　双车护驾城池坚

图 4－2 是浙江于幼华与黑龙江赵国荣以中炮过河车对屏风马平炮兑车弈至第 16 回合后的棋局。枰面上红方虽少 3 兵，但炮镇中路，各子灵活，先手未失。可以说是形势微妙，双方各有战机。

17. 仕四进五　……

缓着，应走马三进五，则炮 1 平 5，炮五进三，车 8 平 5，马六进五，炮 5 退 4，仕四进五，马 3 进 5（炮 2 平 5，帅五平四），炮五进二，象 3 进 5，双方均势。

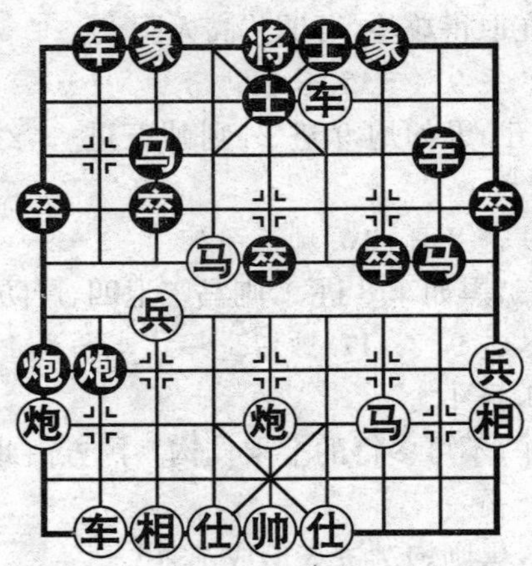

图 4－2

17. …… 马 8 进 7 **18.** 车八进二 马 3 退 4

19. 兵七进一 马 4 进 5

红兵七进一，是寓意深远之着，黑马 4 进 5 邀兑，正着。如走卒 3 进 1，则炮九进四，车 2 进 3，车八进一，车 2 进 3，炮九平五，马 4 进 5，帅五平四，将 5 平 4，后炮平六，车 2 平 4，马六进七，将 4 平 5，车四进一，红胜。

20. 马六进七 ……

红方进马咬车，虽可用此马换取黑方双士，但给黑方双车相连（霸王车）的机会，造成红方无法攻破黑方防线的局面，终因少子而败北。可考虑改走帅五平四助战，有较多的机会。以下黑如接走车 8 平 6，则车四退一，士 5 进 6，兵七进一，后有马六进八的凶着，红大占优势。再如黑走卒 3 进 1，则炮九进四，后有炮九平五的狠着，黑棋亦难维持。

20. …… 车 2 进 2 **21.** 兵七进一 马 5 进 3

22. 马七进五 士 6 进 5 **23.** 车四平五 ……

如改走车八平七，则车 8 平 3，车四平五，将 5 平 6，车七进二，车 2 进 3，车五退二，象 3 进 5，车七进二，车 3 进 1，车五平七，马 7 进 5，相七进五，炮 2 进 3，车七退六，卒 5 进 1，黑方占优。

23. …… 将 5 平 6 **24.** 车五进一 将 6 进 1

25. 车五退一 将 6 退 1 **26.** 车八平六 ……

如改走车五退二，则马 3 进 4，车五平四，车 8 平 6，炮五平四，炮 2 平 5，车八平五，将 6 平 5，车四进一，车 2 进 4，车五进一，炮 1 平 5，黑方多卒占优。

26. …… 车 8 平 4 **27.** 车五退二 马 3 退 5

28. 车五退一 车4进5 **29.** 仕五进六 炮2进1

30. 炮五平八 ……

如改走车五退二，则马7进5，相七进五，炮2退1，车五进三，炮2进3，相五退七，车2进5，黑方胜定。

30. …… 车2进5 **31.** 车五退二 马7进9

32. 车五平四 将6平5 **33.** 马三进二 马9进7

34. 车四退二 马7退8

红方已显败象，后因用时过多，超时判负，黑胜。

第135局 环环紧扣现真功

图4-3是河北李来群与江苏徐天红以顺炮直车对横车弈至红方第12着后的棋局。

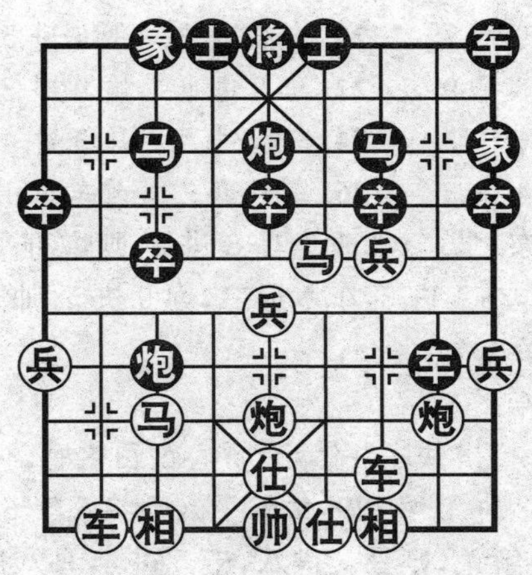

图4-3

12. …… 卒7进1

正着。如改走车8进1吃炮，则兵三进一，马7退9，车三进二，卒3进1，马四进六，马3进4，炮五进四，士6进5，相七进五，红弃子后有强大攻势。

13. 马四进三 车8进1 **14.** 车三进二 卒3进1

15. 相七进九 ……

精巧之着，使黑炮处于危险境地。

15. …… 车9平7 **16.** 马三退四 ……

红退马骑河，保持复杂变化，是一步灵活之着。如改走马三退五，则车8退

4,兵五进一,马3进5,兵五进一,炮5进5,相三进五,车7平8,相九进七,前车进3,车三平二,车8进6,兑子后双方平稳,和势甚浓。

16. …… 车7平8

黑方联车的目的是准备车占红方兵林线兑车保炮。如贪走卒7进1逐车,则红车三平六,车7平8,马四进六,后车进1,相九进七,前车退1,马六进七,将5进1,车六进六,红胜势。

17. 马四进五 ……

红马踏黑炮可从中路进取,如改走马四进六,则前车退1,马六进七,将5进1,车三平二,车8进6,红孤马深入,难有作为。

17. …… 象3进5 **18.** 兵五进一 卒5进1

黑如改走前车退1,则车三平二,车8进6,兵五进一,炮3平2,兵五进一,马3进5,车八平六,卒3进1,车六进六,卒3进1,车六平五,炮2平5,帅五平六,红方优势。

19. 车三平五 象9退7 **20.** 车五进二 士6进5

21. 马七进五 炮3平9 **22.** 马五进七 炮9退2

23. 车五退一 后车进3 **24.** 车八进六 马3进4

25. 车八平六 马4进3 **26.** 车六退三 前车退1

换子解困,实属无奈之着。如改走马3进1,则炮五平八,象5退3,炮八进七,象7进5,车五进三,马1进3,车六退二,炮9进5,帅五平六,将5平6,车五进一,再车六进八,杀。

27. 车五平六 前车平4

红方以上几个回合行棋秩序井然,有赏心悦目之感。

28. 车六退一 马3进1 **29.** 帅五平六 将5平6

黑如改走车8平5解杀,则马七进八,士5进4,马八进六,将5进1,马六进八,卒7进1,马八进六,车5进2,车六进三,将5退1,马六退七,将5平6,马七退五,再马五进三叫将,黑亦难应付。

30. 马七进六 车8平6 **31.** 炮五平四 士5进6

32. 马六退五 车6进2 **33.** 车六进六 将6进1

34. 车六退一 将6退1 **35.** 车六进一 将6进1

36. 车六退一 将6退1 **37.** 车六进一 将6进1

38. 车六平五 ……

红方在棋规允许的范围内连将几次,目的是在规定的时限内凑够应走的步数。现摆车将位,限制黑将平中,是迅速入局的精彩之着。

38. …… 卒7进1 **39.** 马五进六 马1退3

40. 车五退一 将6退1 **41.** 马六进四 马3进2

42. 帅六进一

黑见无法阻止红马四进二的杀着，遂投子认负。在子力相当、局势看似平稳的情况下，红方通过占位、兑子、控制、牵制等战术的运用生擒黑将，入局精彩，令人着迷。

第136局 小兵冲锋捣皇城

图4-4是广东吕钦与湖北柳大华以五九炮对屏风马进7卒弈至红方第18着后的棋局。红方炮镇中路，红车拴住黑方车、炮且多兵，形势红优。

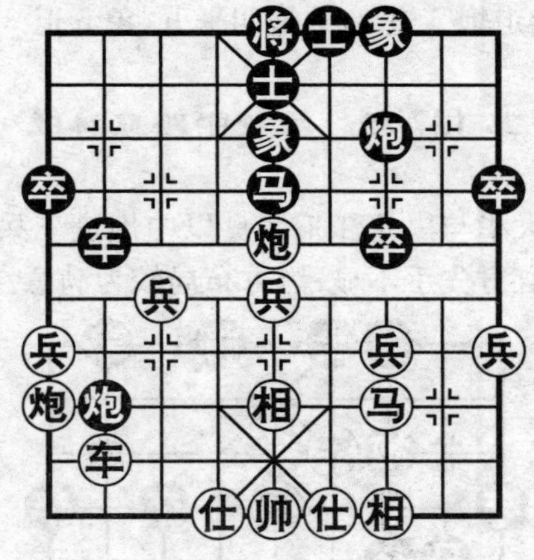

图4-4

18. …… 卒7进1

如改走车2退2，则马三进五，炮2平4，车八进六，炮7平2，炮九进四，黑少3个兵，明显处于劣势。

19. 马三进五 卒7平6 **20.** 兵七进一！ 车2退2

21. 兵七平六 炮2退1 **22.** 车八平七 车2平3

23. 马五进七 卒6平5 **24.** 车七平八 炮2平4

25. 车八进八 士5退4 **26.** 炮九进四 ……

红方置河口马于不顾，毅然挥炮打卒，既可沉底炮袭击，又可退车捉死马，子力交换后保持多兵优势，是一步扩先的佳着。

26. …… 车3进3 **27.** 车八退三 车3进1

28. 炮九平五　士 6 进 5　**29.** 前炮进二！炮 4 平 5
30. 仕四进五　车 3 平 1　**31.** 兵三进一　炮 7 平 8
32. 帅五平四　炮 8 平 6　**33.** 帅四平五　卒 9 进 1
34. 前炮平一　炮 5 退 2　**35.** 兵六平五　车 1 平 8
36. 炮一平九　车 8 平 1　**37.** 炮九平八　士 4 进 5
38. 炮八平六　车 1 平 4　**39.** 炮六退二　卒 5 平 6
40. 车八进三　士 5 退 4　**41.** 炮六平五　将 5 平 6
42. 炮五平四　炮 6 平 8　**43.** 兵三进一　炮 8 退 7
44. 相三进一　卒 6 进 1　**45.** 兵三进一　炮 8 退 8
46. 兵三进一　炮 8 平 5　**47.** 兵三平四　将 6 平 5
48. 兵四进一

黑方认负。因如接走炮 5 进 3，则炮四平五，象 5 退 3，车八退一，绝杀。

第 137 局　炮抢中路显神威

图 4－5 是湖北柳大华与黑龙江王嘉良以中炮进三兵对屏风马进 3 卒弈至第 14 回合后的棋局。红方先手不显，黑方布局较为满意。

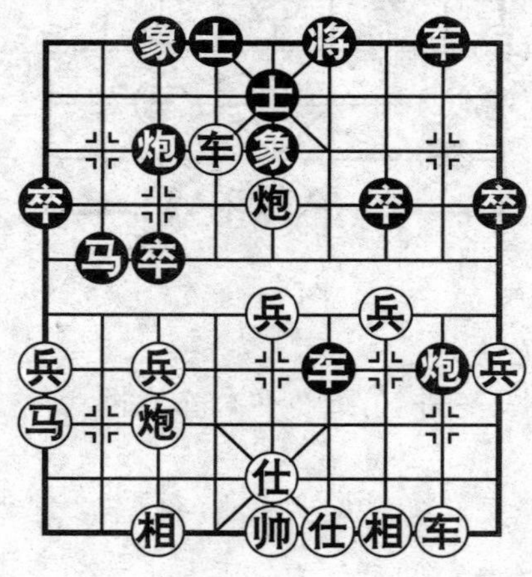

图 4－5

15. 车六退一　……

同样退车，不如改走车六退五较为稳妥。黑如走炮 3 进 4，则马九进七，马 2 进 3，兵五进一，车 8 进 4，车六平二，黑无法进取，红可以应付。

15. ……　车 6 退 1

退车捉兵抢先,伏平炮叫将抽车的棋。红如车六退五,黑就没有这着棋,因红方此时可走车六平二,黑方计划落空。

16. 相三进五 车8进2 **17.** 炮五退一 ……

如改走车六退三,则炮8平5,红方失子。红方除此之外亦无好着可走。

17. …… 卒3进1 **18.** 车六平九 卒3平4

平卒兑炮,削弱红方的防御力量,是一步进取的好着。

19. 炮七进五 马2退3 **20.** 车九平七 卒4平5!

21. 炮五平八 ……

如改走车七进一,则炮8平5,炮五退二,车8进7,炮五平六,卒5进1,炮六退三,车6退2,然后车6平5,红亦难以成和。

21. …… 炮8平5 **22.** 车二平三 马3进5

黑方跃马参战,已是胜利在望。

23. 车七平六 车8平6 **24.** 帅五平六 马5进4

25. 炮八退四 ……

如改走炮八退一,则前车退2,车六平四,车6进1,炮八平五,车6平4,帅六平五,马4进3,马九退七,车4进5,黑方胜势。

25. …… 后车进1 **26.** 车六进二 后车平2

27. 炮八平七 炮5平4 **28.** 车六平七 车2进4

29. 车三平二 卒5进1 **30.** 相五退三 炮4进1

黑方献炮攻马,妙着。

31. 车二进二 ……

如改走帅六平五,则炮4平1,相七进九,车2平1,炮七退一,车1进2,炮七平六,车6进3,车二进九,将6进1,车二平六,马4进6,伏车6平5杀,黑方胜定。

31. …… 卒5进1 **32.** 车二进七 将6进1

33. 相三进五 炮4平1 **34.** 炮七平九 ……

如车改走车二平六,则车2进1,相五进七(如车六平五,则炮1进2,帅六进一,车2平3,帅六进一,马4进6,杀),炮1平9,红亦难逃败运。再如改走相七进九,则马4进5,车二平六,象5进3,车六退一(如炮七进四,则车6进4,帅六进一,马5退3,杀),车6进4,帅六进一,马5退3,炮七进一,车2进1,帅六进一,车2平5,绝杀,黑胜。

34. …… 马4进5

黑胜。黑方在入局的过程中,着法紧凑有力,妙着连珠,攻法刁钻而凶狠,具有极高的欣赏价值。

第138局　小兵攻城论英雄

图4－6是河北程福臣与辽宁韩福德以顺炮直车对横车弈至第14回合后的棋局。黑炮正打着红车，红如车八平九避开，势必影响局势展开。红方审时度势，走出最强手，从而取得优势，请看实战：

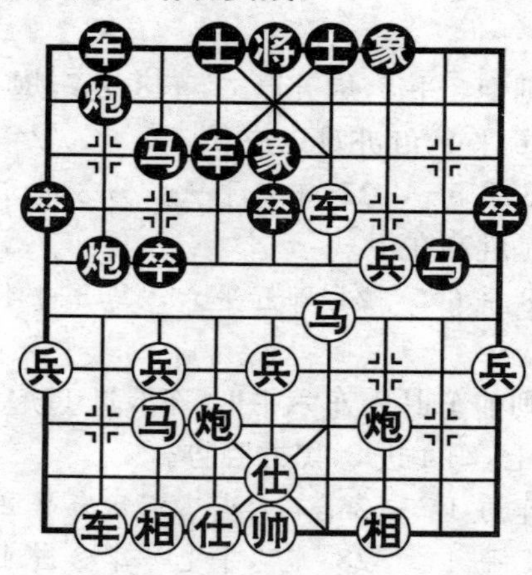

图4－6

15. 车八进五　　……

弃车砍炮，一车换双，着法果断有力。

15. ……　　马3进2　　**16.** 马四进二　　车4进2
17. 兵三平四　　马2进3　　**18.** 炮三进四　　士4进5
19. 炮三平五　　炮2平3　　**20.** 马二进三　　炮3退1
21. 炮六平三　　将5平4　　**22.** 车四进二　　……

以上几步红方步步紧逼、丝丝入扣，已呈胜势。

22. ……　　象7进9　　**23.** 炮五平二　　车2进3
24. 炮二进三　　将4进1　　**25.** 马三进四　　炮3平5

黑如改走将4进1，则红炮三进五杀。

26. 炮三平六　　车4进3　　**27.** 仕五进六　　象9退7
28. 炮二退一　　车2进4　　**29.** 炮二退七！　卒3进1
30. 炮二平六　　卒3平4　　**31.** 仕六退五　　卒4平3
32. 兵四平五　　车2平3　　**33.** 兵五平六　　卒3平4

34. 兵六进一　将4退1　　**35.** 车四平五　车3平7

36. 兵六进一

红方运子攻杀，一气呵成，精彩异常，值得借鉴。

第139局　火中取栗伤筋骨

图4－7是河北黄勇与黑龙江赵国荣以顺炮直车对缓开车弈至红方第8着后的棋局。

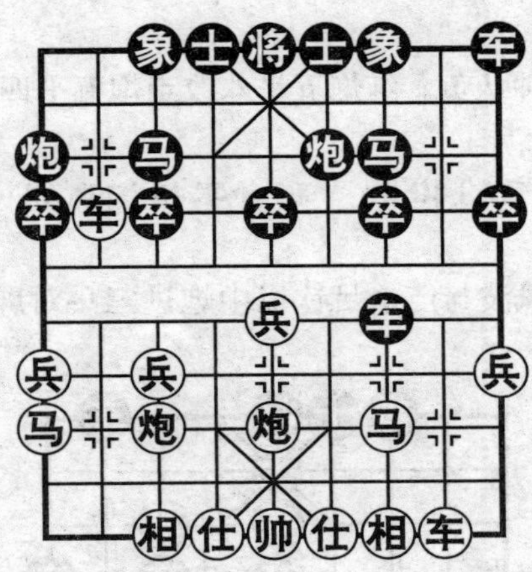

图4－7

8. ……　　车7平5

黑吃中兵可谓火中取栗，加剧了红方在中路的攻势，黑方由此步入下风。其实补士象巩固中路方为上策。

9. 车二进三　象3进5　　**10.** 马三进五　车5平4

黑如改走车5平6，则马五进六，车6退1，马六进七，炮6平3，车八平七，红方可得一炮。

11. 马五进四　车4进2　　**12.** 马四进二　……

红方马奔卧槽，精警有力，顿使黑方城池告急，红方已占明显优势。

12. ……　　车4退6　　**13.** 车二平四　马3退1

红平车捉炮，猛击黑方要害，迫使黑方退马，破坏了黑方防守阵形，是扩先的佳着。

14. 车八平七　炮6退1　　**15.** 炮五进五　炮1平4

16. 马二进三　车9平8

黑方应走车9进1，则车七进二，车4平3，炮七进六，将5进1，炮七平四，车9平7，炮四平九，将5进1，炮九退一，将5退1，黑虽仍处劣势，但战线漫长，还有和机。

17. 炮七平五　车8进1　**18.** 前炮进一！……

这是本局的精华所在，令人回味无穷！红方由此得子，奠定胜局。

18. ……　炮4平5　**19.** 车四进五　士4进5

黑如改走车4平5，则车四平五，将5进1，车七进二，杀。

20. 炮五进五　将5平4　**21.** 仕六进五　卒1进1

22. 炮五平八

红已胜定，黑遂停钟认负。红炮五平八改走炮五平四更为合理。

第140局　联合军横扫皇城

图4-8是辽宁卜凤波与广东吕钦以中炮进三兵对屏风马进3卒弈至红方第18着后的棋局。

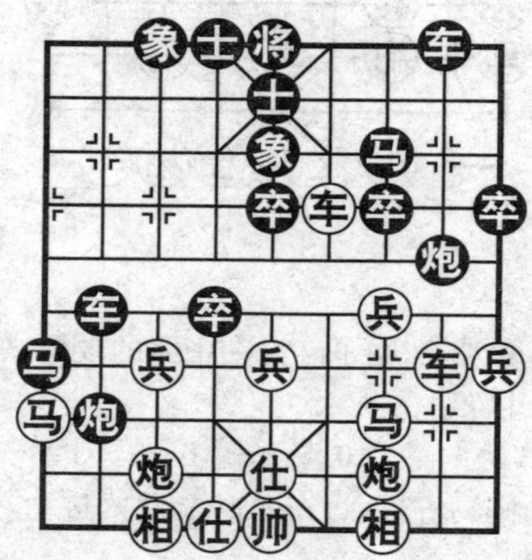

图4-8

18. ……　炮8平1

好棋！平炮邀兑，兑掉车后，黑方4个攻子集结在红方左翼，可谓四子归边。

19. 车二进六　马7退8　**20.** 马三进四　炮2进1

21. 车四平三　卒4平5　**22.** 兵五进一　炮1进3

23. 车三进三　士5退6　**24.** 车三平二　炮1进2

25. 兵七进一　车2进1　**26.** 相三进五　车2平5

27. 车二退七 马1进3 **28.** 马四进三 炮2平5

29. 炮七平六 车5平3 **30.** 相五退三 炮5退2

31. 马三进四 将5进1 **32.** 马四退二 炮5平7

33. 马二退四 将5退1 **34.** 炮三平二 马3进2

双方各攻一翼，红跳马象眼叫杀，黑巧升将解杀，有惊无险。黑沉底炮后，红忙于应付。黑炮破士后运至7线，对付红马卧槽，总攻条件成熟，现跳马入底，车吃红底相后可迅速入局。

35. 车二平三 ……

红如改走车二平八，则车3进3，车八退一，车3平4，帅五进一，车4平5，帅五平四，车5平6，帅四平五，马2退4，炮二平六，车6退6，黑胜势。

35. …… 车3进3 **36.** 车三进一 车3平4

37. 帅五进一 车4平5 **38.** 帅五平四 炮1退1

39. 帅四进一 马2退4 **40.** 炮二平五 车5退1

41. 马四进三 将5进1

红方认负，因接走车三平六，车5平6，帅四平五，车6退1，杀。

第141局 兵助车炮擒藩王

图4－9是广东吕钦与台湾吴贵临以中炮横车七路马对屏风马弈至第11回合后的棋局。

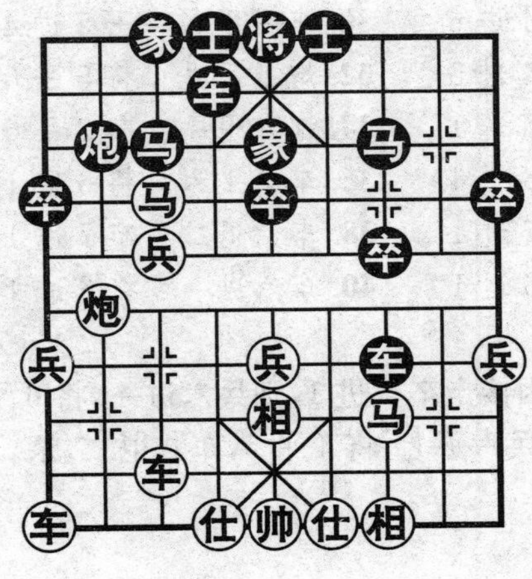

图4－9

12. 炮八平五　车4进5

红方弃右马平炮镇中，意在争先，着法犀利。黑如改走车7进1，则兵七平八，红弃马后攻势凌厉。

13. 炮五平七　车4平2

黑如改走车7进1，则车九平八，炮2进4，炮七退一，炮2退6，车八进七，红方优势。

14. 兵七平六　车7进1　**15.** 炮七进三　车7退1
16. 马七退六　车2平4　**17.** 炮七平六　车7平5
18. 仕六进五　车5退1　**19.** 车九平八　士6进5

黑如改走炮2平1，则马六进八，车4退2，马八进九，车4退2，马九进七，车4退1，车八平六，将5进1(如车4平3，则车七进七，黑方难以求和)，车六进八，将5平4，车七平六，将4平5，马七退六，抽车胜定。

20. 炮六进一　炮2平1　**21.** 车七进八　……

突破黑方防线，是一步算度深远的妙着，黑棋由此落入下风。

21. ……　车4退1　**22.** 车七退二　车4平2

黑如改走车4退1，则炮六平八，车4退2，炮八进一，象5退3，车七进二，将5平6，车七退五，抽车胜势。

23. 车八进四　车5平2　**24.** 车七平九　车2进4
25. 仕五退六　马7进6　**26.** 炮六平七　车2退6
27. 仕四进五　象5退3　**28.** 车九平一　马6进4
29. 炮七退四　马4进6　**30.** 车一平七　士5进4
31. 炮七进五　士4进5　**32.** 炮七平九　将5平6
33. 帅五平四　卒5进1　**34.** 炮九退一　车2平6
35. 车七进二　士5退4　**36.** 车七平六　将6进1
37. 仕五进四　卒7进1　**38.** 车六退二　卒7进1
39. 车六进一　将6退1　**40.** 车六进一　将6进1
41. 兵六进一

至此，黑方认负。因接走卒7进1，则兵六进一，将6平5，兵六进一，将5进1，车六平八，将5平4，兵六平七，将4平5，车八退二，杀。

第二节　红鬃烈马踏王府

第142局　双兵联手擒主将

图4－10是黑龙江王嘉良与江苏徐天红以中炮过河车急进中兵对屏风马平炮兑车弈至第15回合的棋局。枰面形势相当复杂，红方控制了中路，中兵威胁很大，六路马随时可卧槽要杀，红方当然有利。红方能扩大先手直至取胜吗？请看实战：

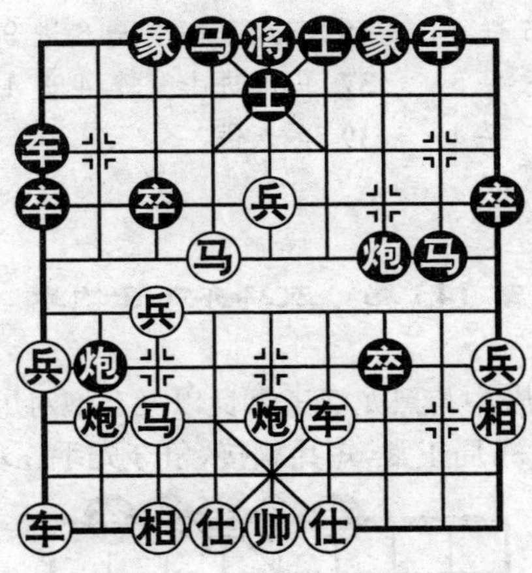

图4－10

16. 仕六进五　　……

补仕缓着，应走马六进八，则车1平3，车四进三，炮7退3，兵五平四，象7进5，兵四进一，黑难以应付。

16.　……　　马8退7　　**17.** 兵九进一　　……

仍应走马六进八，黑如车1平3，则车四进五，车8进2，车九进一，红方胜势。

17.　……　　炮2平9　　**18.** 马六进八　车1平3

19. 兵五平六　　……

正着，红如径走车四进五，则黑有炮9平8要杀的凶着，可形成混战，红方当然不愿出现这样的局面。

19.　……　　马4进5　　**20.** 兵七进一！　……

驱兵渡河，精巧之着。此时黑方不能走卒3进1去兵，因有兵六进一，车3进1，马八进九，红胜定。

20. …… 炮9平8 **21.** 车四平二 象3进1

22. 兵七进一 车3退2 **23.** 车九平八 车8进5

如改走炮7平8，则车二进一！卒7平8，马七进五，红亦胜势。

24. 炮八进一 炮7平5 **25.** 炮八平七！车3平4

26. 炮七平五 炮5进3 **27.** 相七进五 车8平5

28. 炮五平二 卒7平8 **29.** 车二进一 车5进2

30. 马七进五 车5平9 **31.** 车二平三 马7进8

32. 车三进二 车9退1 **33.** 马五进四 车9平8

34. 车八进五 马5进6 **35.** 车八平四 马8进9

36. 车三进四 车8平5 **37.** 马八进七 车4进1

38. 兵七进一 将5平4 **39.** 兵六进一

捉死黑车，红胜。

第143局 双马齐飞争饮泉

图4-11是河北刘殿中与黑龙江王嘉良以五七炮对屏风马左炮封车弈至第10回合后的棋局。双方布局正常，短兵相接，争夺先手逐步展开。

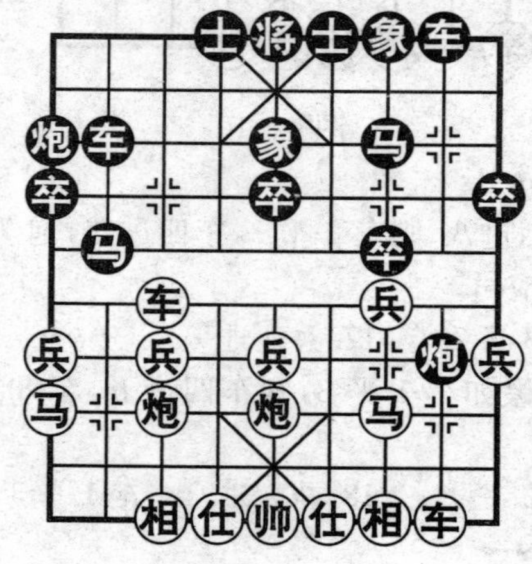

图4-11

11. 兵三进一 ……

可改走车七平八，以下卒7进1，车八平三，马2进1，车三进三，马1进3，炮五进四，士4进5，车三退三，红方先手。

11. …… 马2进1　12. 车七平二　车8进5

13. 马三进二　马1进3　14. 车二进三　象5进7

15. 兵五进一　……

可改走马二进一，黑如马7进9，则车二进三，红方局势乐观。

15. …… 车2进6　16. 兵七进一　马3进1

17. 兵五进一　……

弃马强攻，以求一搏。如改走炮五平三，则局势较为平稳。但如改走马九进七，则车2退2，以后有炮1平3的攻击手段，黑占明显优势。

17. …… 炮1进5　18. 兵五进一　士4进5

19. 兵五平四　象7进5　20. 车二平五　……

如改走车二平九，则炮1平3，车九进三，将5平4，车九平六，将4平5，兵四进一，马1退2，兵四平三(仕六进五，炮3平1)，车2平8，黑大占优势。再如改走兵四进一，则炮1退3，兵四平三，马1退2，仕四进五，炮1进2，车二退一，车2平3，黑亦占明显优势。

20. …… 车2平4

好棋！及时抢占肋道，既化解了红方的攻势，又伏有马1退3要杀得车的凶着。

21. 仕四进五　马1进3　22. 车五平九　炮1平3

23. 车九进三　马3退1　24. 帅五平四　炮3进2

25. 帅四进一　马1退3

精彩之着！伏马3进4，帅四进一，炮3退2的杀着，红方难以应付。

26. 帅四进一　炮3退4　27. 马二退四　马3退5

28. 炮五进五　将5平4　29. 车九退三　马7进6

30. 马四进五　马5退7　31. 帅四平五　马7退5

红方再失一子，大势已去。双方又续弈了几个回合，红方终因少子而告负。

32. 炮五平二　士5进6　33. 炮二进二　士6进5

34. 炮二退一　炮3退5　35. 炮二退三　车4平1

献车要杀，精彩！

36. 车九平七　车1平3　37. 车七退二　……

无奈之着。

37. …… 马6进7　38. 帅五平四　马5进4

至此，黑胜。

本局红方失败的原因在于对形势的判断错误，过高估计自己的力量，弃子强攻未果。如何正确判断形势，不至于发生战略性错误，是象棋爱好者要认真研究的问题。

第144局　二马献身踏敌营

图4－12是吉林陶汉明与云南王跃飞以中炮横车对反宫马弈至红方第13着后的棋局。

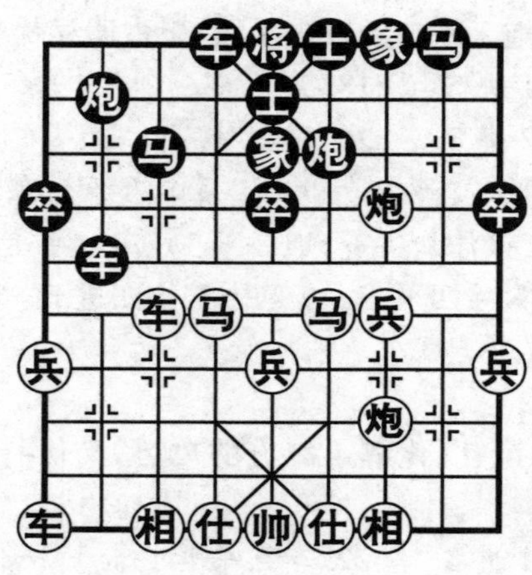

图4－12

13. ……　　车2进2

黑方进车谋中兵，给人以不实之感。应改走炮2平3，以下马六进七(如车七进三，则车4进5，车七进一，车4平6，双方势均)，卒5进1，黑方局势平稳。

14. 相七进五　车2平5　　**15.** 马六进七　炮2平3

16. 车九平八　卒5进1

黑如走炮3进2吃马，局势比较平稳。

17. 马四进六！　……

红方献马捉车，构思十分精妙，实出黑方所料，算准可以通过先弃后取的手段，迅速扩大优势，是取胜的佳着。

17. ……　　车4进4　　**18.** 马七进五！炮3进4

红方马踏中象是本局的精华所在，黑如改走车4退2(象7进5，前炮进三，象5退7，炮三进七杀)，则车八进九，士5退4，车七进三，车4平3，车八平六，将5进1，前炮平五，将5平6(将5进1，炮五退三)，炮三平四，车5平6，车六平四，红方速胜。

19. 马五退六　车5平4

黑方躲车，实属无奈，如改走马3进4，则前炮平五，红方得车胜定。

20. 马六进七　炮3平5　　**21.** 仕四进五　士5进4

黑如改走车4退4捉马，则前炮平五，红亦胜定。

22. 车八进九　将5进1　　**23.** 马七退九

黑方已呈败势，遂停钟认负。纵观本局，红方献马和马踏中象实属上乘佳构，值得学习。

第145局　弃车炮胆识过人

图4－13是火车头韩冰与广东陈丽淳以起马对挺卒后演绎成反宫马对过宫炮弈至第10回合后的棋局。黑方第10着马3进2后黑车正捉住红炮，红若炮八平七，则炮4平2，炮七平八，车2平3，下着有车3进3捉死炮的棋，由此可抢得先手，这就是黑方的意图。红方能让黑方的愿望实现吗？请欣赏实战：

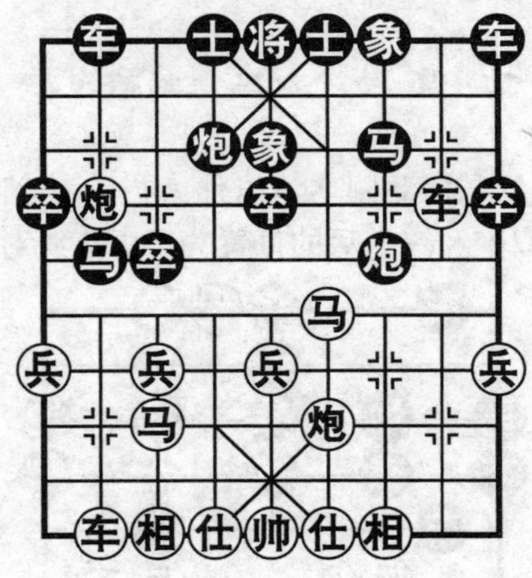

图4－13

11. 马四进五　　……

红置炮于车口而不顾，毅然跃马踏中卒，完全出乎黑方所料。

11. 　……　　车2进3

黑方对红方弃子毫无警惕，竟接受弃子，中了红方设置的圈套，导致局面由此急转直下最终败北。不如改走马7进5，以车二平五，士4进5，车八进四，车9平8，虽然还是红方占优，但黑方局势也很稳定。

12. 马五退七！　……

红方露出庐山真面目，弃车要杀。黑方此时虽发现红方意图，但为时已晚。

12.　……　车 2 平 8

黑如改走车 2 退 2，则前马进六，车 2 平 4，车八进五，车 4 进 1，兵七进一，红大占优势。

13. 前马进六　将 5 进 1　　**14.** 车八进五　将 5 平 6

如改走将 5 平 4，则红炮四平六，杀。

15. 车八平三　车 9 进 2　　**16.** 车三平四　将 6 平 5

17. 车四平八　象 5 退 3

黑如改走将 5 平 6，则红马七退五，黑亦难应付。

18. 炮四平五　将 5 平 4　　**19.** 马六进四　马 7 退 5

20. 马四退五

红胜。纵观本局，红方弃车炮成杀，弈来潇洒自如，精彩异常，使人回味长久，享受长久。红方只用 20 着就令黑方俯首称臣，这一精彩短局，堪称棋艺宝库中的珍品。

第 146 局　双马铁蹄踏王府

图 4－14 是广东吕钦与河北阎文清以仙人指路对卒底炮弈至红方第 13 步后的棋局。红方双马、双炮和三七兵的位置关于中央线对称，煞是好看。双马占

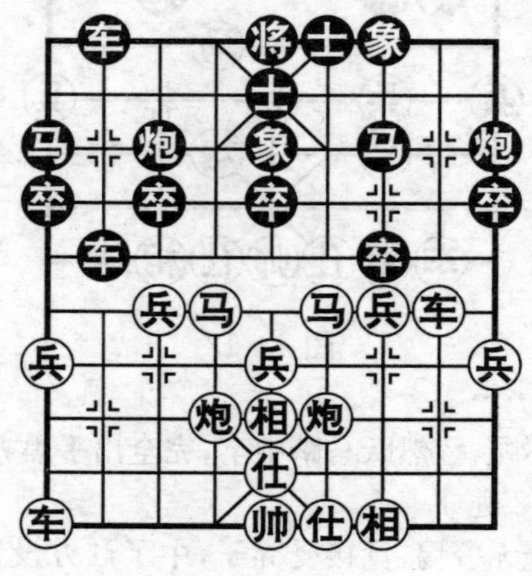

图 4－14

据河沿，非常灵活，攻击点很多，黑方稍有不慎就要吃亏。

13. ……　车2平5　**14.** 炮四平三　车5进2

15. 马四进六　炮3退1　**16.** 兵三进一　车5平7

17. 车二进三　车7平4

黑如改走车7退2，则前马进五，象7进5，车二平一，红大占优势。

18. 前马进五　……

马踏中象，妙着。红方撕破黑方防线，由此势如破竹。

18. ……　炮3平4

黑如改走象7进5，则车二平三，炮9进4，车三平五，车4退1，兵三平四，炮9平7，车五平九，红方优势。

19. 马五退七　马1进3　**20.** 马六进七　炮4进6

21. 炮三平六　车2进3　**22.** 兵七进一　炮9进4

23. 车二平三　炮9平5　**24.** 炮六退二　车4平3

25. 炮六进六　车2进5　**26.** 炮六平一　车3退2

27. 车三进二　士5进4　**28.** 马七进六　车2平3

29. 车九平六

红方多子得势，黑方认负。因接走士4退5，炮一进三，士5进4，马六退四，将5进1，车三退一，将5进1，炮一退二，将5平6，车六进七，杀。

第147局　重拳出击惊天地

图4－15是广东吕钦与上海胡荣华以中炮对小列手炮弈至红方第15着后的棋局。黑车被牢牢封住，红方各子占位灵活，三路兵已渡河，形势明显占优。

15. ……　炮9平8

黑如改走炮7退3，则兵三进一，马7退8，兵三平二，马8进7，炮八平二，马3进4，兵二进一，马7进6，前炮进一，士6进5(象5退7，车八平四)，车八退三，红大占优势。

16. 马三进五！　……

弃马踏象，体现出红方凶狠善变的棋艺风格，由此打开黑方缺口。

16. ……　象3进5　**17.** 兵三进一　炮7平3

18. 兵三进一　……

红方先弃后取，但多得黑方一象，削弱了黑方的防御力量，红方由此渐入佳境。

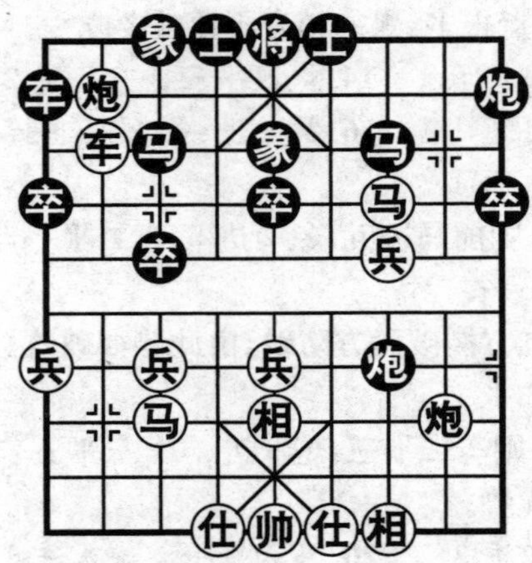

图 4-15

18. …… 炮 8 进 5 **19.** 兵五进一 象 5 进 7

20. 仕六进五 士 4 进 5 **21.** 马七退八 马 3 进 4

22. 马八进六 象 7 退 5 **23.** 炮八进一 炮 3 平 6

24. 炮八平四！ ……

黑丢象后，虽然伸炮跃马争取对攻机会，但车被封住，难以成势。红方飞炮砸士，妙着惊人，进一步摧毁黑方防线，为入局奠定基础。

24. …… 车 1 平 4

黑如改走士 5 退 6，则车八进二，将 5 进 1，车八平四，炮 6 平 2，车四平二，炮 8 平 6，炮二进六，炮 2 退 5，兵三进一，炮 6 退 5，兵三平四，将 5 平 6，炮二平八，红方多子胜定。

25. 炮四平一 士 5 退 4 **26.** 兵五进一 卒 5 进 1

27. 车八退一 车 4 平 9 **28.** 炮一平六 卒 5 进 1

29. 车八平二 马 4 进 6 **30.** 炮六平八 象 5 退 7

31. 炮八退五 车 9 平 4 **32.** 炮二退一 车 4 进 4

33. 炮八进四 车 4 退 3 **34.** 炮八退四 卒 3 进 1

35. 相五进七 炮 6 进 2 **36.** 马六进五 炮 6 退 2

37. 马五退七 车 4 平 7 **38.** 炮八平五 车 7 进 6

39. 马七进六 炮 8 平 7 **40.** 相三进五 将 5 平 6

41. 车二退二

至此，黑方认负。因接走马 6 退 7，车二平三，马 7 进 9，车三进五，将 5 进 1，马六进五，将 6 进 1，车三退二，杀。

第148局 临危受命建奇功

图4－16是广东吕钦与上海胡荣华以五七炮巡河车对屏风马进3卒弈至第9回合后的棋局。黑方下一步有平炮打车攻相的狠着，给红方造成很大的威胁。红方怎样应对呢？请看实战：

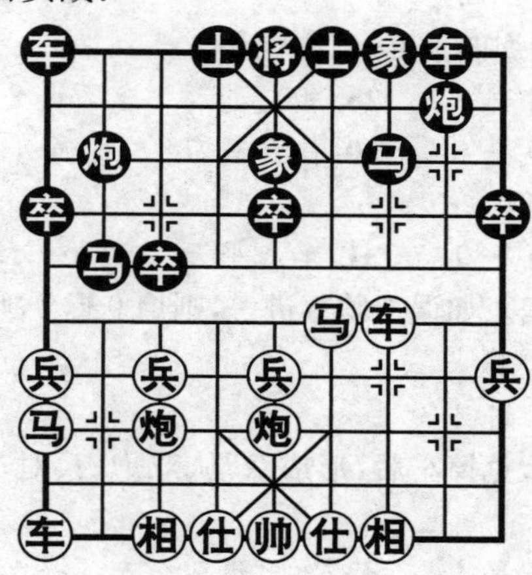

图4－16

10. 马四进五　　……

红方没有逃车，反而马踏中卒，双方由此展开激烈的对攻。

10. ……　　炮8平7

黑如改走马7进5，则炮五进四，炮8平5，炮五进二，士4进5，车三进二，马2进1，炮七平一，炮2进4，车三平五，车8进6，兵七进一，车8退2，兵一进一，伏马九退七捉双的棋，红仍持先手。

11. 马五进三　车8进9　　**12.** 马三退四　炮7进8

13. 车三退四　车8平7　　**14.** 马四进六　炮2平4

15. 马六退八　　……

红方一车换三子，虽取得了子力上的优势，但失一相，车未开出，子力位置较差，存在一定的风险。

15. ……　　士4进5

黑如改走炮4进2，则马八进七，炮4平8，车九平八，炮8进5，车八进九，车1平2，马七进八，兑掉一车后，红方局势转稳，但形势还相当复杂，要想取胜，还有相当难度。

16. 车九平八　车7退6　**17.** 车八进四　车1平2
18. 兵九进一　车2进2　**19.** 炮七平八　炮4进2
20. 炮八退一　车2平4　**21.** 兵七进一　车7平3
22. 兵七进一　车3进1　**23.** 仕四进五　炮4平8
24. 兵五进一　车3平7　**25.** 炮五平四　炮8进5
26. 兵五进一　车7进5

如改走车7平5,则炮四平五,红方优势。

27. 炮四退二　象5进3　**28.** 相七进五　车7退2
29. 炮四进六　车4平8　**30.** 仕五进四　……

精巧之着。

30. ……　炮8平9　**31.** 车八平三　……

平车邀兑,转危为安。如误走帅五进一,则炮9退1,帅五平六,车7进1,仕六进五,车8平4,反为黑胜。

31. ……　车7进2

黑方当然不愿兑车,兑掉车后,形成双马、双炮、兵对车炮的优势,红方可稳操胜券。

32. 帅五进一　车7平4　**33.** 车三退四　车4平7
34. 相五退三　……

红方终于如愿以偿地兑掉一车。

34. ……　车8进2　**35.** 炮四退一　车8进2
36. 兵五平六　象7进5　**37.** 马九进七　车8平9
38. 相三进五　炮9平2　**39.** 炮八平九　炮2退4
40. 马七进五　车9平1　**41.** 炮九平七　士5进4
42. 炮七进二　士6进5　**43.** 兵六进一　车1进2
44. 帅五退一　车1进1　**45.** 帅五进一　车1平4
46. 炮七平五　车4退4　**47.** 马五进四　车4平6
48. 马四进三　将5平6　**49.** 马三退二　……

退马保炮,下一步有炮五进三的攻击手段,令黑方难以应付。

49. ……　炮2平5　**50.** 帅五平四　将6平5
51. 炮五进四　士5退4　**52.** 马八进七　炮5退1
53. 马二进三　将5进1　**54.** 炮五平二　将5平6
55. 马七进六

黑方认负。因若接走将6退1,则炮二平四,车6退1,马六退五,将6进1,

马五退四，将6进1，兵六进一，红胜定。

第149局　双马饮泉敌断魂

图4－17是广东吕钦与浙江于幼华以顺炮直车对横车弈至第19回合后的棋局。红方多双兵，但边车被封，难以展开攻势。怎样打开局面呢？请看实战：

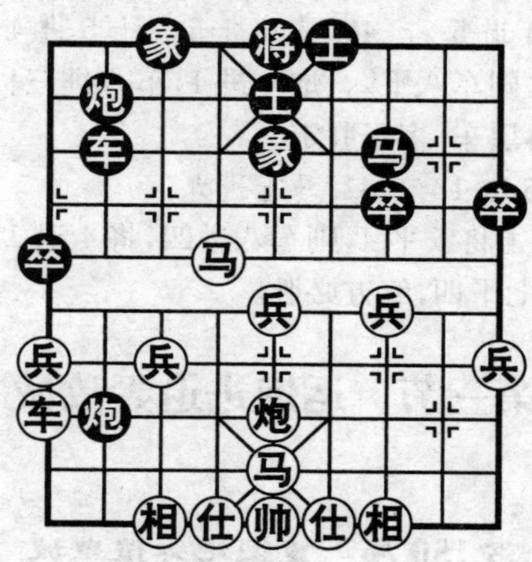

图4－17

20. 炮五平三　卒1进1　**21.** 相三进五　……

当然不能走兵九进一，否则黑可后炮平1，打死红车。红相三进五后不论黑兑炮与否，红车均可解封。黑如兑炮，红虽然缺炮使兵种不全，但车、双马且多兵仍会发挥威力。

21. ……　前炮平7　**22.** 马五进三　炮2平1

23. 车九平六　卒1进1　**24.** 马六退四　车2进1

25. 车六进六　炮1进4　**26.** 兵五进一　卒7进1

27. 马四进六　炮1平5　**28.** 仕四进五　车2平3

黑如改走车2平7，则兵五平四，车7平5，兵三进一，象5进7，兵四平三，红方得象占优。

29. 兵三进一　象5进7　**30.** 车六平九　马7进8

31. 马三进二　车3平6　**32.** 车九退四　车6进2

33. 马六进八　炮5平4　**34.** 马二退四！……

红方献马咬炮，精彩之着，令黑方难以应付。

34. ……　车6退2

黑如车6进1，则红车九平六；黑又如炮4平2，则红车九进五。黑方都呈败势。

35. 车九平八　炮4退4　**36.** 马四进三　车6平3

37. 兵七进一　炮4进5　**38.** 兵七进一！车3平7

黑如改走车3进1，则马三进四，士5进6，马八进六，将5平4，马六退七，抽车胜定。

39. 马八进七　炮4退5　**40.** 马三进五　士5进4

黑如改走将5平4，则车八平六，炮4进1，车八进三！士5进4，马五进四，士4退5，马四退三抽得黑车，多子胜定。

41. 马五进六　将5进1　**42.** 马七进九

黑方认负。因若接走将5平4，则车八进四，将4退1，车八进一，将4平5，车八平七，将5进1，车七平四，红方必胜。

第三节　运炮进退袭敌城

第150局　重型炮弹摧皇城

图4－18是广东吕钦与浙江于幼华以中炮进三兵对屏风马进3卒弈至第13回合后的棋局。观枰面，双方布局正常，局势平稳。

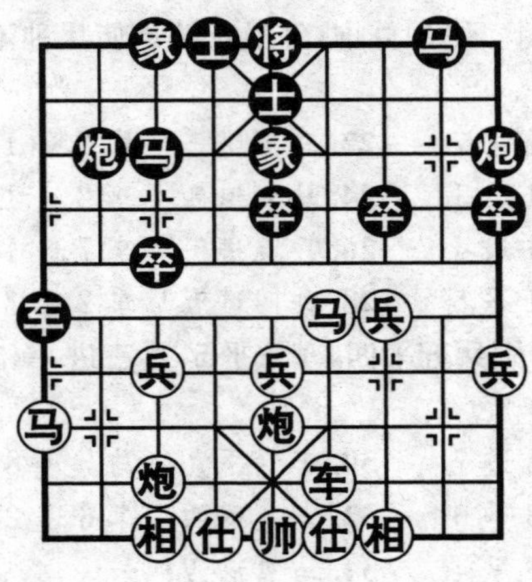

图4－18

14. 兵七进一！ ……

红方弃七兵，实属意料之外，是一步进取的好棋。

14. …… 车1平3

只能用车吃兵，如改走卒3进1，则车四平二，马8进6，炮七平四，卒3进1（炮2退1，炮四进六，炮2平6，马四进三，黑方失子），炮四进六，车1平6，车二进八，士5退6，炮四平一，红方优势。黑方用车吃兵后，3路线受到红方潜在威胁。

15. 马四进三 炮9平7 **16.** 车四进三 马3进4
17. 车四平七 卒3进1 **18.** 炮五进四 象3进1
19. 炮五平六 马8进6

弃象跳马，勉强对攻。如改走象5退3，则炮六进二，马4进5，相三进五，黑方亦很被动。

20. 马三进五 炮7进7 **21.** 仕四进五 马4进5
22. 马五进七 将5平6 **23.** 炮六平四 马6进5
24. 相七进五 炮7退2 **25.** 仕五进六 ……

精彩之作。红巧支角仕既起到挡炮护马的作用，又打开左炮右移的通道，发挥重炮配合卧槽马的攻势。红方由此打开了入局的突破口。

25. …… 炮2平8 **26.** 炮四退四 后马退4
27. 马七退六 马5退4 **28.** 炮七平六 炮8平5
29. 帅五平四 炮5平4 **30.** 相五进七 炮7平4
31. 炮六平四 将6平5 **32.** 前炮平五 士5进6
33. 炮四平五 将5平6 **34.** 前炮平四 将6平5
35. 相七退五 士4进5 **36.** 炮四平六

得子胜定，黑自动认负。

第151局 此处无声胜有声

图4-19是黑龙江金启昌与北京刘文哲以中炮边马对屏风马左炮封车的布局弈至第14回合后的棋局。黑方右车正捉住红方的三路兵，吃掉兵后威胁红三路马，大有反先的势头。红如车二进一保兵，则局势就会呆板。红方怎样应对呢？请看实战：

15. 兵七进一 ……

别出心裁的好着，设计得相当巧妙，实战中能出此妙招，令人钦佩！红方由

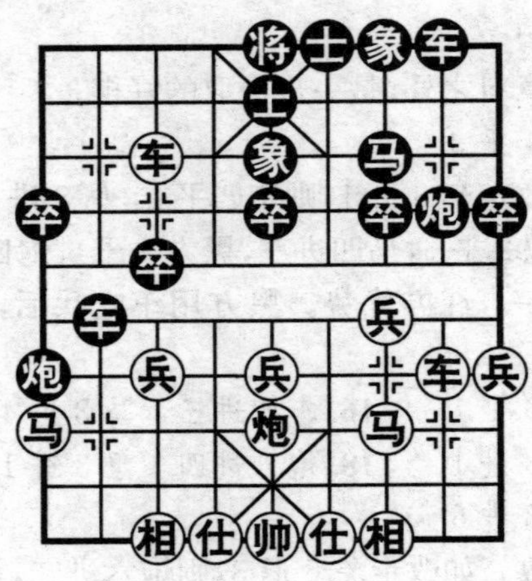

图 4－19

此展开组合攻势。

15. …… 车 2 平 3

如改走炮 1 平 8，则马九进八，黑右翼空虚，也很难下。

16. 兵五进一！ ……

此着是弃七兵战术的组成部分，红方由此扩大了先手。

16. …… 炮 1 退 1　**17.** 车二平五 炮 1 退 1

18. 车五平六 炮 8 进 4

如改走炮 8 退 2，则车七平八，士 5 退 4，车八进二，士 6 进 5，炮五平六，黑亦难招架。

19. 车六进五 士 5 退 4　**20.** 马三进五 车 3 进 4

21. 炮五平八 炮 1 平 2　**22.** 炮八平六 士 6 进 5

23. 炮六进七 炮 8 退 6　**24.** 车六退二 士 5 退 4

25. 车七平八 车 3 平 1　**26.** 车八退二 车 1 退 2

27. 车八进四 将 5 进 1　**28.** 兵五进一 卒 7 进 1

29. 车六进三 象 5 退 3　**30.** 车六平七 卒 5 进 1

31. 马五进四 ……

虎口献马精彩，杀法潇洒犀利，行棋如行云流水，耐人寻味。

31. …… 马 7 进 6　**32.** 车七平五 将 5 平 6

33. 车五平四 将 6 平 5　**34.** 车八平五 将 5 平 4

35. 车四退一 将 4 进 1　**36.** 车四平五

红胜。

小兵(卒)，尤其是没有过河的小兵(卒)，真的难当大任吗？红方第 15 着兵七进一给出了否定的答案，正是此着令黑方顿感头痛，红方由此渐入佳境，最终取胜。此例值得我们好好学习。

第 152 局　叱咤风云展宏图

图 4－20 是辽宁孟立国与广东蔡福如以中炮七路马过河车对屏风马平炮兑车升车保马的布局弈至第 14 回合后的棋局。红方仍持先手。

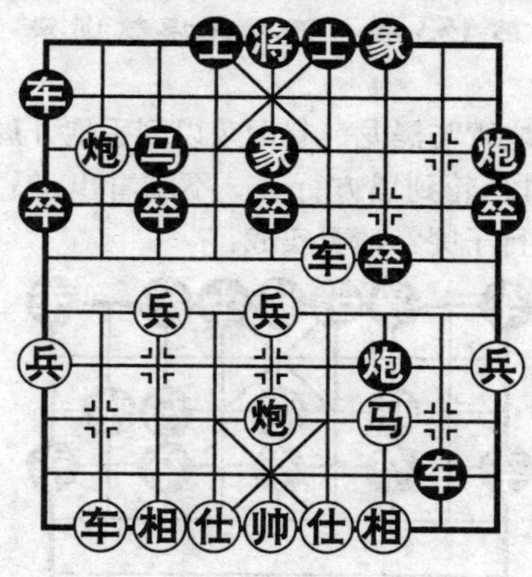

图 4－20

15. 兵五进一　　……

红冲中兵不怕黑炮打相，颇有胆识，由此步入激烈的拼杀场面。

15. ……　　炮 7 进 3　　**16.** 仕四进五　炮 7 平 9

17. 帅五平四　后炮退 2

黑退炮保底士，目的是不使右车的线路受阻。如改走士 4 进 5，则车四进三，黑亦难应付。

18. 炮八平五　　……

弃炮杀象，着法凶悍，由此精彩入局。

18. ……　　车 1 平 8　　**19.** 兵五进一　前炮退 2

20. 后炮进二　前车平 7　　**21.** 兵五平六　马 3 进 5

22. 前炮平九　马 5 退 4　　**23.** 炮九进二　马 4 退 2

24. 车四进四！　……

弃车杀士，精妙绝伦！

24. …… 将5进1

如改走后炮平6，则兵六平五，象7进5，兵五进一，车8平5，车八进九杀马，后再退车杀。

25. 车八进八 马2进4 **26.** 兵六平五 象7进5

27. 车四平五

至此，红胜。

本局中，红方入局妙着连珠，一气呵成，给人以艺术享受。

第153局 开局失误教训深

图4－21是北京喻之青与黑龙江赵国荣以列手炮开局弈至红方第4着时的棋局。现仍处于开局阶段，轮到黑方行子。不难看出，黑方只要士4进5，局势就相当稳健。黑方怎样行子呢？请看实战：

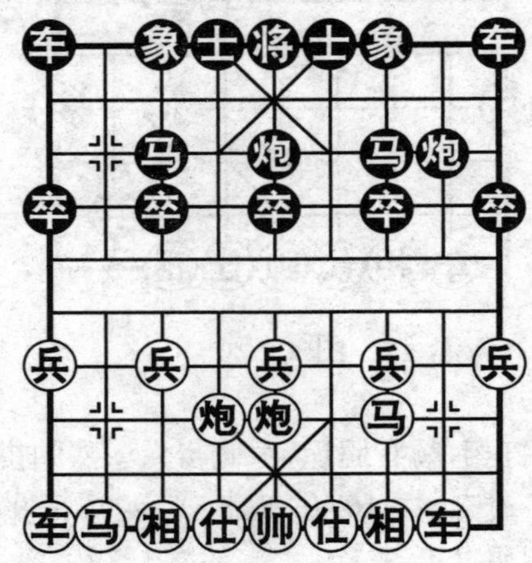

图4－21

4. …… 炮8平9

这是一步重大失误的棋，造成红方进攻取势的机会。

5. 炮六进五 马7退5 **6.** 车二进七 车1平2

7. 车九进一！马5进7

由于黑方炮8平9不当，造成了红方进炮打马、进车“卡壳”、出横车弃马强攻等凶狠手段。黑方献马是无奈之着，如车2进9贪吃红马，则炮五进四，车2退5，车九平四！炮9退1，仕四进五，将演成“三把手”，绝杀，红速胜。

8. 车二平三 车2进9 **9.** 炮五进四 士4进5

10. 车九平六　　……

进攻过急，可走相七进五，黑如走车2退5，则车九平六，稳操先手。

10. ……　　车9平8　　11. 炮五退二　　……

应改走车六进五，先手较大。

11. ……　　车2退4　　12. 相三进五　车8进7
13. 兵七进一　车2进1　　14. 车三进二　炮9进4
15. 车六平四　将5平4　　16. 炮五平六　将4平5
17. 后炮平五　将5平4　　18. 炮五平六　将4平5
19. 后炮平五　将5平4　　20. 炮五平六　将4平5
21. 后炮平五　将5平4

双方循环了几个回合，红方一将一要杀必须变着，最后只好走炮五进四。其实红炮打士后，黑方已处于劣势，因此黑出将避杀是劣着，应改走炮9进3叫将，则仕四进五，车8进2，车四退一，炮9平6，马三退二，车2平5，黑方子力占位较好，足可抗衡。

22. 炮五进四　车8平7　　23. 车四进八　将4进1
24. 车四平七　炮9进3　　25. 仕四进五　车7进2
26. 仕五退四　车7退3　　27. 仕四进五　炮5平6

黑如炮5平8，则红有炮五平一献炮的棋。

28. 炮五退一　炮6退1　　29. 车三退一　马3退1
30. 车三平四　将4进1　　31. 车七退一

至此，红胜。

第154局　车炮联手杀声起

图4-22是黑龙江赵国荣与辽宁卜凤波以中炮过河车对屏风马两头蛇弈至第11回合的棋局。

12. 车六进二　　……

红高车保马，似笨实巧。

12. ……　　卒5进1

黑方显然不会走马6进5交换，因左翼车炮脱根，局势明显不利。但如改走卒7进1，则车二退一，马6进5，车六平五，卒7平6，兵五进一，车2进5，仕四进五，车2平4，炮五平三，象3进5，炮九平五，卒6平5，炮五进二，卒5进1，炮五平二，黑方失子。

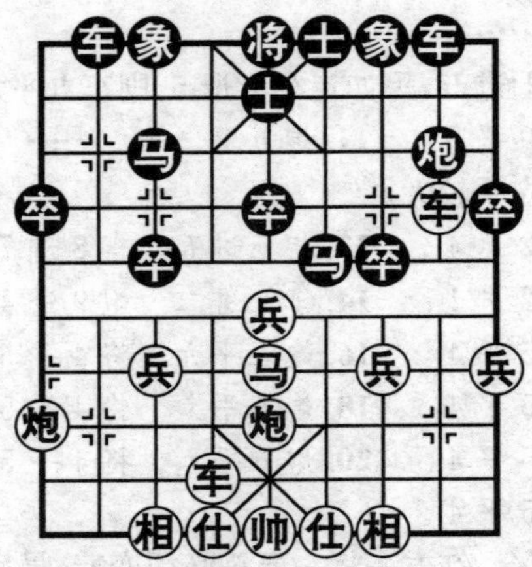

图 4－22

13. 兵五进一　马 6 进 5　**14.** 仕四进五　……

正着，如改走车六平五，则炮 8 平 5，车二进三，炮 5 进 4，仕四进五，象 3 进 5，红方先手尽失。

14. ……　车 2 进 5　**15.** 炮五平二　车 2 平 5

16. 炮二进五　象 3 进 5　**17.** 车六进三　……

联车胁马，好棋！红方先手由此扩大。

17. ……　马 3 进 2　**18.** 车六平八　马 2 进 3

19. 车八进三　士 5 退 4　**20.** 车二平六　士 6 进 5

21. 炮九平六！　……

准备弃炮入局，攻法犀利。

21. ……　象 5 退 3　**22.** 炮六进七　车 8 进 2

23. 炮六平三　将 5 平 6　**24.** 炮三平七　车 8 平 4

25. 炮七退一　车 4 退 2　**26.** 车六平四　将 6 平 5

27. 炮七进一

红胜定。

红方运用双车、炮联手攻城，令黑方防不胜防。这种朴实无华的攻击方法，值得我们深入学习。

第 155 局　炮打中军显神威

图 4－23 是辽宁任德纯与广东杨官璘以中炮七路马对屏风马进 7 卒弈至第

12 回合后的棋局。

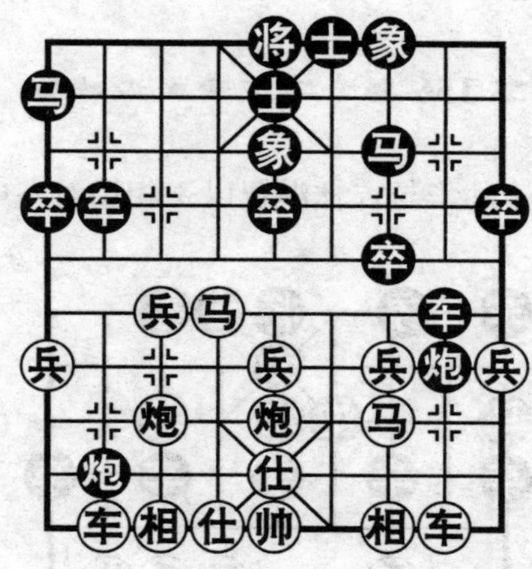

图 4－23

13. 马六进五　　……

劣着，造成局势虚浮，给黑方以可乘之机。应改走兵七进一，以下车 8 平 4，车二进三，车 4 平 3，炮七平六，车 3 退 1，车二进一，局势平稳，双方势均。

13.　……　　马 7 进 5　　**14.** 炮五进四　炮 2 退 1！

黑方退炮，立使红方处于为难境地。

15. 仕五进六　车 8 平 3　　**16.** 车二进三　车 3 进 2

17. 炮五退二　车 3 平 4　　**18.** 相七进五　炮 2 平 5

佳着。兑掉一车后，黑方多得红方一相，红方残缺仕相，形势非常不利。

19. 车八进六　炮 5 退 2　　**20.** 兵五进一　马 1 进 2

21. 马三进五　车 4 退 1　　**22.** 马五退四　马 2 进 3

23. 车二进三　车 4 平 6　　**24.** 车二平七　马 3 退 1

25. 车七平九　　……

应改走车七退五，不至于速败。

25.　……　　马 1 进 2　　**26.** 车九平八　马 2 退 3

黑亦可改走马 2 进 3，则帅五平四（帅五进一，马 3 退 4，黑方得马胜定），马 3 退 5，仕六进五，马 5 退 7，仕五进四，车 6 进 1，车八退五，卒 7 进 1，黑胜定。

27. 帅五平四　　……

红若改走马四进六，不至于失马速败。

27.　……　　马 3 进 5　　**28.** 仕六进五　马 5 进 7

红方遂停钟认负。红如接走仕五进四，则车 6 进 1，车八退五，士 5 退 4，兵九进一,士 6 进 5,兵九进一,将 5 平 6,黑方得马胜定。

第 156 局　二炮争先轰敌城

图 4－24 是火车头于幼华与吉林洪智以飞相局对左中炮弈至第 10 回合后的棋局。

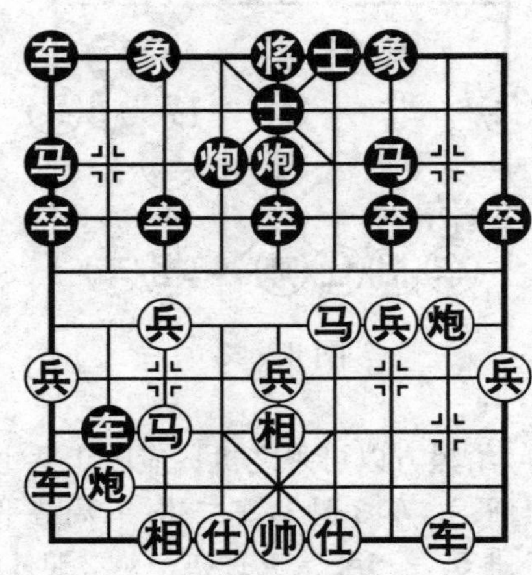

图 4－24

11. 马四进六　　……

跃马进取精妙绝伦,令人叹服。此步红如炮二退二,黑方有炮 4 进 6 打车,则炮八退一,炮 4 退 1,炮二平六,车 2 平 3,红方没有先手。

11.　……　　卒 3 进 1

面对红马强行切入的攻势,黑方顿感进退两难,如改走车 2 平 3 吃马,则炮二退二,炮 5 进 4(车 3 进 1,炮八进八,车 1 平 2,车九平七,红方得车后占优),马六退五,车 3 退 1,炮八平五,红方大占优势。

12. 炮八平三　车 1 平 2　　**13.** 炮三进五　象 7 进 9

黑如改走马 7 退 9,则炮二进五,卒 3 进 1,车二进八,前车平 3(炮 4 退 1,马六进五,炮 4 平 8,马五进三,将 5 平 4,车九平六,杀),车二平一,红方大占优势。

14. 炮二进四　卒 3 进 1

应以改走将 5 平 4 先避开红方攻击的锋芒为宜。

15. 炮二平三！将 5 平 4　　**16.** 车二进八！前车平 3

17. 前炮进一　将 4 进 1　　**18.** 马六进五　车 3 平 4

19. 仕四进五　　……

赢棋不再闹事，红方补仕是稳妥之着。如直接走马五进三，则炮 4 进 7，仕四进五，车 4 退 5，容易节外生枝。

19. …… 车 4 退 1 **20.** 马五进三 炮 4 进 7

21. 前炮退二 车 2 进 2 **22.** 马三退五！ ……

制胜的妙着，真是一锤定音！

22. …… 车 2 平 5 **23.** 前炮进一 将 4 退 1

24. 前炮进一 将 4 进 1 **25.** 车九平八 ……

红车开出参战，红方如虎添翼，黑方败局已定。

25. …… 车 5 平 3 **26.** 车八进七 马 1 退 3

27. 后炮进二 将 4 进 1 **28.** 前炮平七！

红胜。

第 157 局 鸳鸯二炮定乾坤

图 4－25 是广东许银川与吉林陶汉明以五七炮不挺兵对屏风马进 7 卒弈至红方第 17 着时的棋局。红方车封住黑方车马，黑方炮镇中路，形势复杂，扑朔迷离。

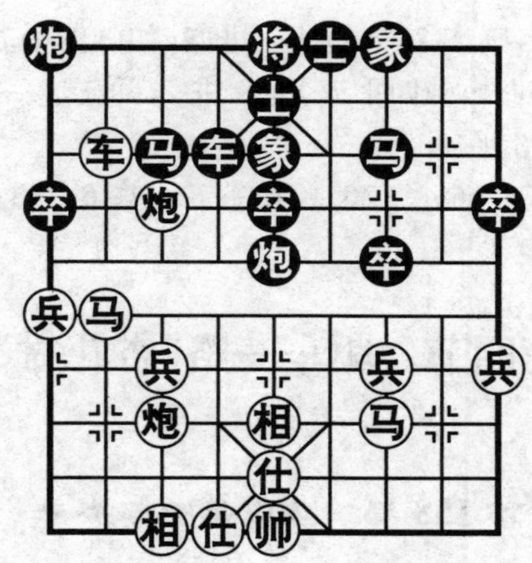

图 4－25

17. …… 炮 1 进 5

黑方边炮发出，为反击积蓄物质力量，乃紧凑有力之着。

18. 后炮平九 ……

红如改走马三进五，则炮 5 进 1，黑方易走。

18. …… 马7进6 **19.** 炮七平一 ……

红方炮打边卒，让黑马侵入，得不偿失。不如改走炮九进一坚守待变。

19. …… 马6进7 **20.** 马八进七 炮1平5

21. 炮九进一 后炮平3

黑方后炮平3，催杀，巧妙一击，令红方顿感难以应付，这是迅速扩大优势的精彩之着。

22. 帅五平四 车4进2

黑方高车弃马，是平炮催杀的续进之着。

23. 炮一退一 ……

红如改走炮九退一，则车4平6，仕五进四，炮3进5，仕六进五（如相五退七，则车6进3，帅四平五，车6平7，帅五进一，车7进1，帅五退一，马7进5，仕六进五，车7进1，杀），马7进5，黑胜势。

23. …… 卒7进1 **24.** 炮一平七 车4平3

25. 车八平七 马7进9 **26.** 炮九退二 卒7进1

27. 马三退一 车3进2 **28.** 车七进一 炮5平6

精巧之着，黑方由此迅速入局。

29. 相五进三 ……

红如改走马七进九，则卒7平6，仕五进四（如帅四平五，则车3进2，车七退七，马9进7，杀），卒6进1，帅四平五，马9进7，帅五进一，炮6平5，相五退三，马7退5，帅五平六，车3平4，杀。

29. …… 卒7平6 **30.** 帅四平五 炮6平3

黑方叫杀，得车胜定。

第四节 驱车一路“杏花村”

第158局 闪电雷鸣报春来

图4-26是广东吕钦与辽宁卜凤波以五七炮双直车对屏风马右炮巡河弈至第11回合后的棋局。

12. 车二平三 ……

红方不能走炮七平二，否则卒3进1！车八平七，马7退8，红方不利。

12. …… 炮8平7 **13.** 车三平四 炮7进5

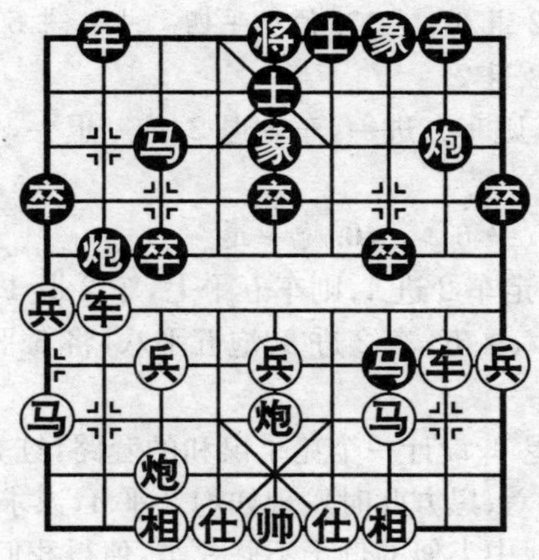

图 4-26

14. 兵七进一　卒 3 进 1　**15.** 车八平七　炮 7 平 1

16. 相七进九　马 3 进 4　**17.** 兵五进一　炮 2 进 5

18. 相九退七　车 8 进 3

必走之着，否则红方炮五进四打卒镇中后，黑方难以应付。

19. 炮七平三　车 2 平 4　**20.** 车七平六　炮 2 退 8

败着，由此必失一子。应走马 4 退 3 兑车，虽居后手，但尚可支持。但如走车 4 平 3，则车六进一，车 3 进 9，车四平六，黑方弃马后无作为，红大占优势。

21. 炮五平六　车 4 进 2

黑如改走炮 2 平 4，则炮六平三，红有闪击的妙手，必得黑马。

22. 炮六进三　炮 2 平 4　**23.** 车四进二　车 8 进 3

24. 炮三平六　车 4 平 2　**25.** 前炮平八　炮 4 进 7

26. 车六退三　车 8 平 2　**27.** 炮八平六　车 2 平 5

28. 仕四进五　车 5 退 1　**29.** 炮六进三　车 5 平 1

30. 车六平七　车 1 进 1　**31.** 车七进八　士 5 退 4

32. 车七退三　车 1 平 9　**33.** 炮六平一　车 9 平 8

34. 车四进三　……

黑方连扫红方三个兵，意在谋和。红方置三兵被吃于不顾，却暗暗调动双车炮到理想位置，对黑方采取有效攻击，意在取胜。伸右车塞象眼是一步制造杀势的妙着，暗伏帅五平四，士 4 进 5，炮一平五，士 6 进 5，车七进二，士 5 进 6，车四退一，再车四进二杀。

34. ……　车 2 进 4　**35.** 车七进一　车 8 退 4

36. 车七平九　车2退6　**37.** 帅五平四　士4进5

38. 炮一进一　车8退2

黑如改走卒7进1,则车九进一,车8退2,炮一退一,伏炮一平五轰士的棋,黑亦败定。

39. 车九平五　将5平6　**40.** 炮一退一

黑方认负。因若接走车2进1,则车五平七,车2退1,炮一平五,象7进9,车七平六,将4平5,车六平五,车2进3,炮五平八,将5平4,车五平七,再车七进二杀。

黑方第20着炮2退8,设计一个兑子谋和的套路,红方却将计就计,走出在黑方意料之内的炮五平六,黑方此时发现如炮2平4,谋求兑子是一步致命的假棋,但为时已晚。在实战中类似的例子不胜枚举,值得我们警惕。

第159局　迂回战术艺高超

图4-27是广东许银川与上海孙勇征以五七炮不挺兵对屏风马进7卒弈至红方第11着时的棋局。

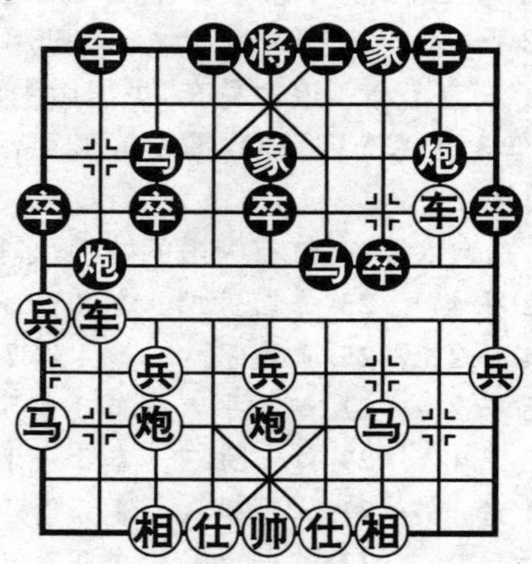

图4-27

11. ……　卒7进1

黑方冲卒胁车,值得商榷,似不如改走卒3进1,先使河口马生根,再图反击为宜。

12. 车二平四　马6进7　**13.** 炮五平六　炮2平5

14. 仕六进五　车2进5　**15.** 马九进八　车8进1

黑方当务之急是车炮不能被封，现在黑走车 8 进 1 并没有解决这个问题。不如改走卒 7 平 8，把局势引向复杂，黑方有望摆脱困境。

16. 马八进七　炮 5 平 4　**17.** 车四平二　炮 4 退 1

18. 车二退一　卒 7 平 8

为什么不走卒 7 平 6 呢？先暂时保留过河卒，较有牵制力。

19. 车二退一　马 7 退 6　**20.** 车二平四　炮 8 平 7

21. 相七进五　马 6 退 8

黑如改走车 8 进 3，则兵七进一，炮 7 平 6，车四平三，也是红方多兵占优。

22. 马七退八　……

红方回马，以退为进，为扩大多兵之势埋下伏笔。

22. ……　车 8 平 7　**23.** 炮六退二　炮 7 平 6

24. 炮六平七　马 3 退 1　**25.** 车四平五　车 7 进 2

26. 后炮平九　马 1 进 2　**27.** 马八进七　卒 5 进 1

28. 车五平八　……

红方平车瞄马，不贪图一卒之利，可以更有效地发挥红车的牵制作用，是大局感极强的手法。

28. ……　车 7 退 2　**29.** 炮九进六　车 7 平 1

30. 兵九进一　士 4 进 5　**31.** 车八进一

红方进车捉死黑方中卒后，成净多三兵且局面占优的形势，黑方自知不敌，遂停钟认负。

第 160 局　双车大闹帝王城

图 4－28 是广东吕钦与福建郑乃东以顺炮直车对横车弈至第 9 回合后的棋局。

10. 炮五平六　……

红方针对黑方飞边象保卒、跳拐角马布局上的失当，走出炮五平六这一扩先的妙着。黑如接走：①炮 5 进 4，则炮六进六，炮 2 平 5，马七进五，炮 5 进 4，车二平六，车 4 进 1，马四进六，炮 5 退 2，车八进七，红方得子占优。②炮 2 平 4，则马四进六，卒 7 进 1，车二平三，象 7 进 9，炮六进四，象 9 进 7，炮六进二，车 3 进 1，兵三进一，炮 5 平 6，兵三进一，马 7 退 8，车八进六，车 3 平 4，炮九进四，红大占优势。

10. ……　卒 5 进 1　**11.** 炮六进六　卒 5 进 1

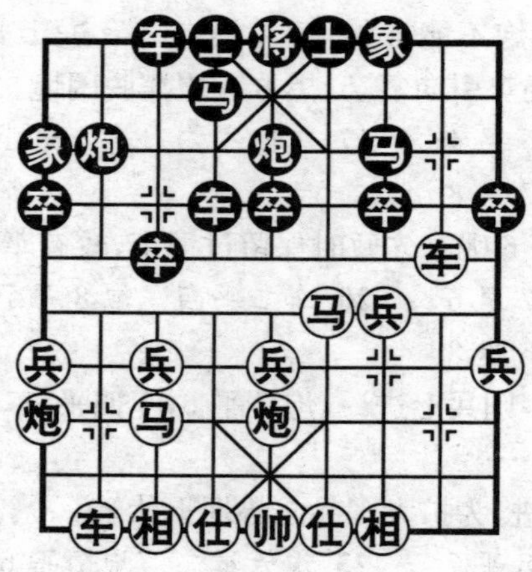

图 4-28

12. 马四退五　　……

精巧之着，起到消除黑方中路威胁的作用。

12. ……　　炮 2 平 3　　**13.** 炮六平二　卒 5 进 1

14. 马七进五　车 4 平 5

黑如改走车 4 进 3，则车二平五，炮 3 进 4(如炮 5 退 1，则炮二退五，车 4 退 3，仕六进五，炮 3 平 5，车五平六，红得子占优)，马五进四，车 4 退 2，马四进五，车 4 平 5，马五进三，杀。

15. 马五进六　车 5 进 4　　**16.** 仕四进五　车 5 退 4

17. 马六进五　象 7 进 5　　**18.** 炮九平五　卒 3 进 1

19. 车八进六　卒 3 进 1　　**20.** 相七进九　车 5 进 2

21. 炮二平三　卒 7 进 1　　**22.** 车二进四　　……

黑弃马冲中卒，展现了黑方喜攻好杀的棋艺风格，果然追回一子。但红方看得更远，把子力调到最佳位置。中炮控制中线牵住黑车，右炮随时沉底攻击，双车左右逢源，占领要道，潜伏一个攻杀计划。沉底车是妙着，伏车八平四，士 4 进 5，车四进二，将 5 平 4，车四平五，马 7 退 5，车二平四弃车，杀。

22. ……　　炮 3 进 1　　**23.** 车二退二　炮 3 平 5

黑方弃马系无奈之举。

24. 车二平三　炮 5 进 4　　**25.** 相三进五　车 3 进 1

26. 兵三进一　车 5 进 2　　**27.** 车八平四

红得子得势，伏帅五平四捉士的攻法，黑方认负。黑如接走车 3 进 3，车四进二，象 5 进 7，炮三进一，士 6 进 5，炮三平一，再沉车叫将并吃士，成绝杀。

第161局　小象护炮立头功

图4－29是湖北柳大华与广东吕钦以中炮双横车七路马对屏风马左三步虎弈至红方第13着时的棋局。

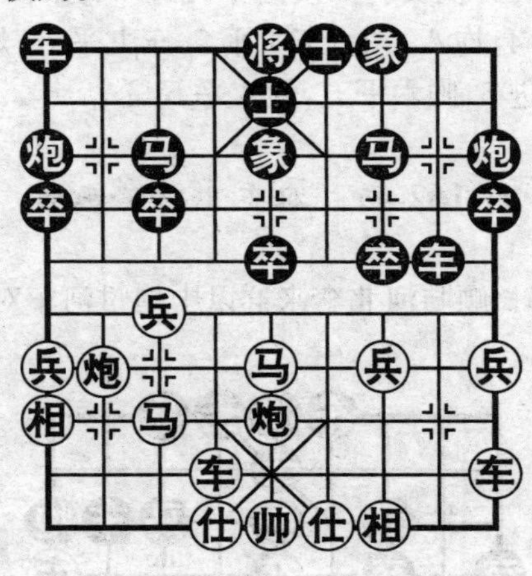

图4－29

13. ……　　卒5进1

黑弃中卒可以消除红对黑中路形成的威胁，是针锋相对的有力着法。如改走车8退1，则马五进六，车8平4，马六进八，车4进5，车一平六，炮9退1，车六进五，红方优势。

14. 炮五进二　车8退1　**15.** 炮五平一　车1平2
16. 炮八进一　炮9进3　**17.** 兵一进一　卒1进1
18. 车一平四　车8平5　**19.** 车六进二　马7进8
20. 仕六进五　马3进1　**21.** 马五进六　车5进1
22. 车四进五　卒1进1　**23.** 炮八退四　……

红如改走兵九进一，则炮1平4，马六退五，马1进2，车六平八，车2进1，兵九进一，马2退1，黑得子占优。

23. ……　　卒7进1　**24.** 车四平七　马8进6
25. 车六退一　车5平4　**26.** 车七平九　车4进3
27. 仕五进六　象5退3

黑退象保炮，精彩之着，既有摆中炮空头的攻着，又有进车捉马得子的手段，红顾此失彼难以应付。以下，红如接走炮八平七，则炮1平5，车九平六，车2进

7,马七退六,车2退1,帅五进一,车2进2,帅五退一,车2平4,兵三进一,马6进7,炮七进九,车4平5,杀。

28. 兵九进一　车2进7　　**29.** 仕四进五　炮1平5

30. 帅五平六　车2平3　　**31.** 炮八进九　象3进1

黑得子得势大优,红方认负。如接走车九进一,则车3平1,车九退一,车1进2,帅六进一,马6退4,炮八平七,车1平7,车九平五,炮5平4,仕五进四,车7平5,车五退六,马4进5,帅六平五,炮4平5,杀。

第162局　双车争功踏敌营

图4-30是辽宁郭长顺与河北李来群以中炮过河车对屏风马先上士弈至第11回合后的棋局。

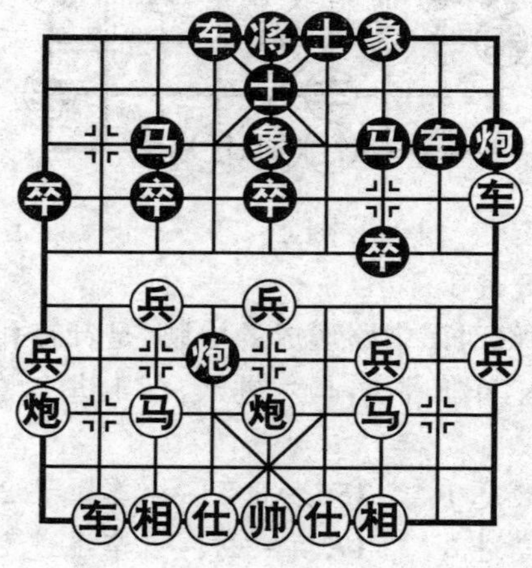

图4-30

12. 车八进三　　**……**

红方进车的目的是下步炮五平六可打车得子,黑方当然不会让红方的目的达到。

12. 　**……**　　车8进6

迅速进车准备右移攻击红方左翼,着法有力,由此反夺先手。因此红方进车捉炮是失误之着,应改走仕六进五,双方均势。

13. 车一平三　车8平3　　**14.** 车八平七　马7退9

15. 炮五进四　车3进1　　**16.** 相三进五　车3退1

17. 仕四进五　马3进5　　**18.** 车三平五　炮9平8

黑方平炮助攻，是扩大先手的好棋。

19. 车五平一　炮8进4！

弃马进炮是向红方施压的续着。

20. 马三退一　……

红方在黑方咄咄逼人的形势下，走出了速败之着。应改走炮九退二，虽居下风，但尚可维持。

20. ……　炮4进1　**21.** 马一进二　炮4平1

换子后黑攻势猛烈，红败势已定。

22. 帅五平四　炮1进2　**23.** 帅四进一　车4进9

24. 车一进二　车4平5　**25.** 马二退三　炮1退1

至此，红方认负。

第163局　双车攻关全无敌

图4-31是江苏王斌与上海胡荣华以五七炮不挺兵对屏风马进7卒弈至红方第11着时的棋局。

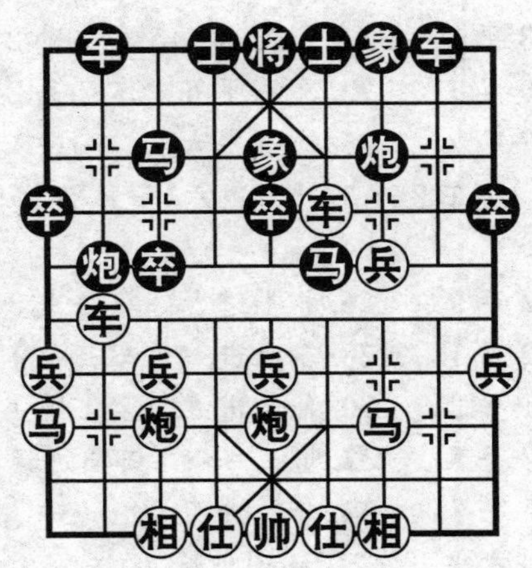

图4-31

11. ……　卒3进1

这是一步积极进取的新招。如改走炮7进5，则炮七平三，马6进5，车四退三，马5退4，兵三进一，红方略占优势。

12. 车八平七　……

如改走兵七进一，则马3进4，车八进一，车2进4，车四退一，士4进5，兵三进一，炮7进5，炮七平三，马4退3，局势立趋平稳。

12. …… 炮2平7

黑方弃马打兵，已是箭在弦上，不得不发。如改走炮7进5，则炮七平三，马6进5，车七进三，马5退4，车四平五，马4退3，车五进一，红方大占优势。

13. 车四退一 前炮进5 **14.** 帅五进一 ……

红方上帅“避将”，考虑到如改走仕四进五，则前炮平9，帅五平四，车8进9，帅四进一，车8退1，帅四退一，士4进5，车七进三，炮7平3，炮七进五，车2进3，炮七退三，车8进1，帅四进一，车8退3，黑方弃子占势，红方有所顾忌。

14. …… 士4进5

黑补士巩固中防，并诱使红方接走车七平二，车8进5，马三进二，车2进8，炮七退一，后炮进6，黑得回一子占优。

15. 炮七退一 车2进8 **16.** 马三进二 后炮进6

17. 炮五平二 后炮平3 **18.** 马九退七 ……

红方退马交换，必走之着。如改走炮二进七，则炮3退3，帅五进一，炮3进4，黑方大占优势。

18. …… 车2平3 **19.** 帅五进一 车8平9

20. 车七进三 车3平8 **21.** 车四退三 车9进2

22. 车七退一 车9平7 **23.** 车七平五 车7进2

24. 车五退二 车7平2 **25.** 车五平六 ……

红如改走仕六进五，则车2进3，仕五进六，车8平4，车四进六，炮7平3，黑胜定。

25. …… 炮7平9 **26.** 相七进九 车2进3

27. 车六退二 车2退1 **28.** 车六进一 车2平1

29. 相九进七 车1平2 **30.** 仕六进五 卒1进1

31. 车六进一 车2平3 **32.** 炮二平一 车3平5

33. 帅五平六 车5平2 **34.** 马二进四 ……

速败之着，应改走帅六平五，战线还很漫长。

34. …… 车2进1

红接走帅六退一，则车2平6，黑得车胜定。

第164局 双车联手摧皇城

图4-32是吉林陶汉明与重庆王晓华以仙人指路对起马局弈至红方第21

着时的棋局。

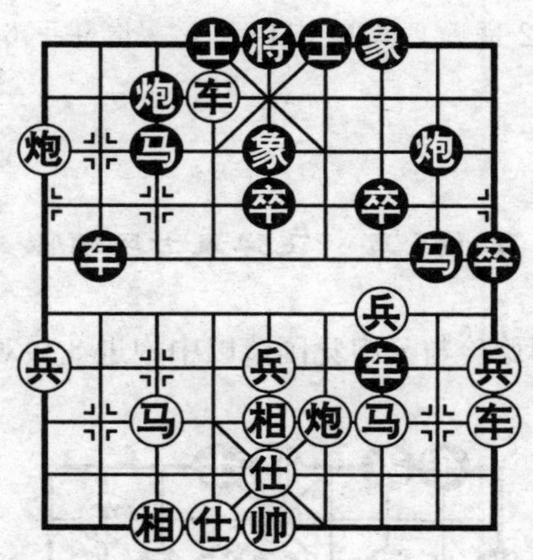

图 4－32

21. …… 炮 3 进 6

黑可改走炮 3 退 1，保留打马的变化，可以与红方周旋。

22. 炮四平七　马 8 进 6　**23.** 车一平二　炮 8 平 9？

速败之着，黑应走炮 8 平 6，红如车六平四，则士 4 进 5，炮九平五，将 5 平 4，炮七平六，虽然仍是红优，但黑方仍有许多反击机会，比实战着法要顽强多了。

24. 车六平四　马 3 进 4

红车卡象眼，杀机四伏！黑如改走马 6 退 4，则车二进七杀底象，红方亦大占优势。又如马 6 进 7，则炮九平五，下伏车二进六绝杀的凶着，黑方难以应付。

25. 炮九进二　车 2 退 4

黑如改走士 4 进 5（如象 5 退 3，则炮九平六打士），则炮七进七，车 2 退 4，炮七退六抽车，红胜定。

26. 炮九平六！ ……

弃炮轰士，精彩！黑方单缺士已经不起红方双车的攻击，失败也在情理之中了。

26. …… 马 6 进 7

黑如改走车 2 平 4，则车二进七，象 5 进 3，车二平三，马 4 退 5，车四退四，红亦胜势。

27. 车二进七 ……

红方弃炮轰士，突发冷箭攻城拔寨，现挥右车捉底象伏双车错杀，着法大刀阔斧，紧凑有力，迅速入局。

27. …… 象 5 进 3 **28.** 车二平三 马 4 退 5

29. 炮六平四 车 2 进 5 **30.** 车四平六 炮 9 平 6

31. 车三退一

至此,红胜。

第 165 局 飞弹轰士风雨骤

图 4-33 是四川黎德玲与云南党国蕾以中炮进 3 兵对反宫马左横车弈至第 11 着后的棋局。

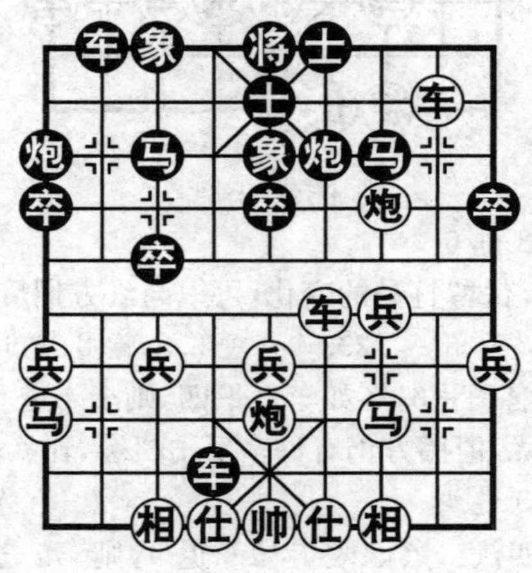

图 4-33

12. 车二平三? ……

平车捉死马看似必然,却忽略了黑有妙手存在,败着。应走仕四进五,虽落下风,但不至于速败。

12. …… 马 3 进 4 **13.** 车四进一 炮 6 进 7!

黑炮轰底仕,宛若平地一声惊雷,令红方猝不及防,顾此失彼。

14. 车四平六 ……

一车换双实属无奈。红如改走:①帅五平四,车 4 进 1,炮五退二,车 2 进 7,相三进五,马 4 进 3,黑胜势。②马三退四,炮 1 平 4,仕六进五,车 2 进 8,马四进三,马 4 进 5,马三进五,车 4 平 5,帅五平四,车 2 平 4,车四进四,士 5 退 6,炮五进四,马 7 进 5,马五退六,车 5 平 4,黑大占优势。③车四退五,则炮 1 平 4,仕六进五,车 2 进 7,下着有车 2 平 3 要杀,红难以应付。

14. …… 车 4 退 4 **15.** 马三退四 车 2 进 5

16. 相三进一　车2进2　**17.** 炮五平三　车4进4

黑方妙运双车，把红方阵营搅得天翻地覆，红方缺仕，已经不起黑方双车的攻击了。

18. 后炮退二　车4平6　**19.** 前炮平二　将5平4

以下黑可车2平4，再车4进1，形成绝杀之势，红遂主动认负。

第166局　车占要津千夫寒

图4－34是辽宁苗永鹏与广东许银川以五六炮进七兵过河车对屏风马进7卒平炮兑车弈至第17回合后的棋局。黑方炮镇中路，马可寻机卧槽，双车全部进入红方下二线，大有速战速决之势，红方必须谨慎行事。

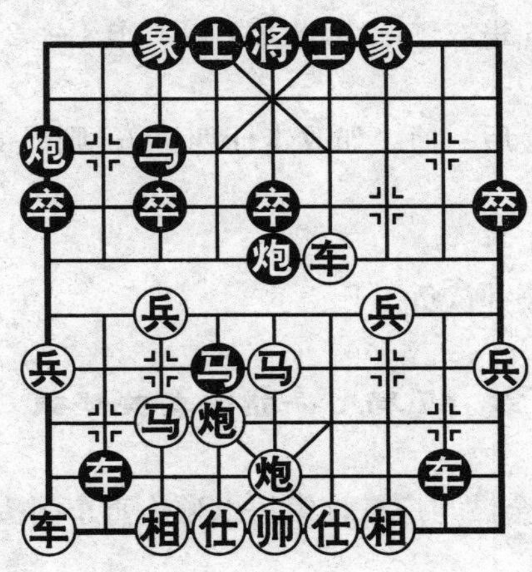

图4－34

18. 马七进六　……

红方进马，轻率之着，由此落入下风。应改走炮五进四，黑如卒5进1，则马五进六，形成对攻，双方各有顾忌。亦可改走车九进一，则车2平1，马七退九，车8退2，相三进五，下一步可马五进六，红方足可应付。

18. ……　炮5平1

黑方平炮捉车，构思巧妙，是迅速夺取主动的精彩之着。红如接走马五退四，则车2平5，仕四进五，前炮进5，黑得子占优。

19. 炮六平九　士4进5　**20.** 兵九进一　前炮平5

黑方再架中炮，白得一先，局势立趋有利。

21. 炮九平六　车8退2　**22.** 马六退四　炮1平2

黑方平炮，下伏炮2进4攻马和车2平4捉炮的手段，紧凑有力之着。

23. 马四进五　马4退5　**24.** 车九进三　……

红如改走马五进六，则炮2进2，下伏马5进6的手段，红亦难以应付。

24. ……　炮2进4　**25.** 炮六平三　象7进5

26. 炮三退一　车2退1　**27.** 相三进五　炮2退2

28. 车四退一　……

红应改走车四退三，防守较为有利。

28. ……　车2平4

黑方平车占肋，下伏将5平4和炮2进5的攻击手段，令红方顿感难以招架。红如接走炮五平八，则车4退1，车九平六，马5进4，黑方得子胜定。

29. 炮三进一　车4退1　**30.** 车九退一　炮2进2

31. 马五进四　马5进6　**32.** 炮五平四　车4进2

33. 马四进二　……

红方进马扑槽，做最后一搏。如改走仕四进五，则马6进7，车九平六，炮2平5，黑方胜定。

33. ……　车4平6

红方少子失势，遂停钟认负。

第167局　一招漏着美梦破

图4-35是火车头金波与广东许银川以顺炮直车两头炮对双横车弈至红方第14着时的棋局。

14. ……　车2进5

黑如改走炮1进5，则马四进六，马3进1，马六退八（如马七进八，则车1平4！车六进一，车2进4，黑方满意），车2平3，马八退九，车1进3，炮八进七，打车杀士，红方大占优势。

15. 马四进六　马3退1　**16.** 炮八退二　……

软着，应改走兵七进一！则车1平3，车六平八，车2平1，马六进四，车3平6，马四进三，车6退3，车八进四，炮5退1，炮八进二，车1退2，炮八平七，象3进5，车八平九，车6平7，车七平八，炮5平6，炮七平五，炮6平3，车八进七！红方大占优势。

16. ……　炮1进5　**17.** 炮八平九　炮1平5

18. 相三进五　士6进5　**19.** 马六进五　象3进5

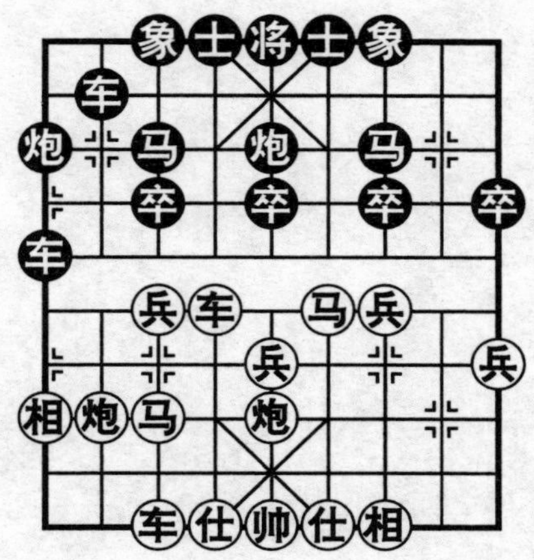

图 4－35

20. 炮九进八　车 1 退 3　　**21.** 车六平四　车 2 平 3

22. 车四进二　……

红方进车卒林，目的是横扫黑卒，急于谋和，其实是一步漏着，由此再丢一相铸成败局。应改走仕六进五，以下黑如车 1 进 6，则马七退六，车 3 平 5，车四进二，红方谋和机会较多。

22. ……　车 1 进 6！

黑方抓住战机给予红方最有力的一击！红方现已江河日下，难逃厄运。

23. 车四平三　马 7 退 8　　**24.** 马七退九　车 3 平 5

25. 车七进一　车 5 进 1　　**26.** 仕六进五　卒 9 进 1

27. 马九退七　……

应改走兵三进一，较实战顽强。

27. ……　车 1 进 2　　**28.** 兵三进一　马 8 进 9

29. 车三平一　象 5 进 7　　**30.** 车一退一　车 5 平 2

下伏车 2 进 2 捉死马的手段，红方认负。